Hofmann **Gesundheit und Kraft durch Edelsteine**

Helmut G. Hofmann

Gesundheit und Kraft durch Edelsteine

Inspiration · Meditation · Heilung

IRISIANA

IRISIANA

Eine Buchreihe herausgegeben von
Margit und Rüdiger Dahlke

Die Deutsche Bibliothek – CIP-Einheitsaufnahme
Hofmann, Helmut G.:
Gesundheit und Kraft durch Edelsteine : Inspiration, Meditation, Heilung / Helmut G. Hofmann. – München : Hugendubel, 1993
(Irisiana)
ISBN 3-88034-679-8

Umschlaggestaltung: Zembsch' Werkstatt, München
Fotos des Kartensets: Toni Ott und Peter Kapfhammer unter Verwendung der Steine und des Edelstein-Mandalas von Helmut G. Hofmann
Produktion: Tillmann Roeder, München
Satz: Uhl + Massopust, Aalen
Druck + Bindung: Jos. C. Huber KG, Dießen
Printed in Germany

ISBN 3-88034-679-8

Inhalt

II. Teil

III. Teil

Danksagung

Ich danke meiner Schwester Marlies für ihre Hilfe und die Arbeit am Computer.

Mein Dank gilt auch allen, die zum Gelingen dieses Buches beigetragen haben: Karin Vial für ihre Ratschläge, meiner Tochter und rechten Hand Maiken, meinem Sohn Simon für seine Geduld, den Fotografen Toni Ott und Peter Kapfhammer, Ingrid Kay-Neumann, Herrn Kniffler für sein Vertrauen in meine Arbeit, meiner Lektorin Frau Heißerer, Ursula Klinger-Raatz für ihre Freundschaft und den Erfahrungsaustausch, Beatrice C. Müller für meine Ausbildung zum Reikimeister.

Teneriffa, im Februar 1993 — Helmut G. Hofmann

Für Antje:

Gott hat den Menschen geschaffen
zum ewigen Leben. (Weisheit Salomo 2,23)

Danke für deine Liebe
und die gemeinsamen Jahre.

Vorwort

Die tiefe Verbindung aller Daseinsformen unserer Welt miteinander wird vielen Menschen immer deutlicher bewußt und damit auch das hohe Maß an gegenseitiger Beeinflussung. Konkrete Forschungsergebnisse, zum Beispiel über die Individualität, das Lernvermögen und das soziale Verhalten der Tiere und auch die empfindlichen Reaktionen von Pflanzen sogar auf rein gedankliche Aggressionen von Menschen haben inzwischen auch hartgesottene Zweifler nachdenklich gemacht.

Wo liegen die Grenzen der Gemeinsamkeiten und der Kommunikation mit unserer Umwelt? Gibt es sie überhaupt? Und vor allem, wie kann man sie überschreiten?

Nun, die Welt der Mineralien, der scheinbar so ganz und gar unbelebten und unbeseelten Steine, wurde lange Zeit nicht ernsthaft in diese Gedanken einbezogen.

Fachleute wissen aber, daß auch Edelsteine nach organischen Gesetzen wachsen und sich entwickeln. Die exakten, wiederholbaren Formen ihrer Existenz zeigen eindeutige Parallelen zur Menschenwelt. Es gibt sieben Kristallsysteme, in die sich die Edelsteine einordnen lassen – so wie es sieben Hauptenergiezentren (Chakras) beim Menschen gibt. Auf vielen Gebieten wurden genügend Hinweise gesammelt, daß alle Erscheinungsformen unseres Universums aufeinander einwirken, aber für viele Menschen ist das auf der Ebene der scheinbar unbelebten Materie nicht so leicht nachzuvollziehen.

In der Meditation erfahren wir jedoch manchmal die Verbundenheit zu Mensch, Tier, Pflanze oder Stein. Die »Ich«-Grenzen dehnen sich aus, und die Umwelt wird integriert. Die Einheit von all dem, was ist, wird deutlich – die Schöpfung ist unteilbar und voller Harmonie.

Das Reich der Edelsteine läßt uns auch im Alltag an dieser Harmonie teilhaben. Denn wie Menschen, Tiere und Pflanzen sind auch die Steine komplexe Wesen. Sie haben bestimmte Wirkungen auf uns, und einige ihrer Resonanzmöglichkeiten sind Farbe, Licht, Form, chemische Zusammensetzung und Energieumwandlung, wie in diesem Buch ausführlich beschrieben. Der schönste und einfachste Weg, Freundschaft mit den Edelsteinen zu schließen, ist, sie in den Alltag einzubeziehen.

Vielleicht nimmt man einmal einen Amethyst als Unterstützung für ruhigen Schlaf, einen Bergkristall als Begleiter, der Energie spendet und ausgleicht, oder einen Hämatit, der hilft, die Belastungen der Umwelt besser zu verkraften. Es ist eine schöne Erfahrung zu spüren, wie man auf Edelsteine reagiert, was sich dabei verändert.

In unserem Buch *Die Botschaft der Edelsteine* wurden bereits 52 Steine in Bild und Wort vorgestellt. In diesem Buch werden die Leser mit weiteren ausgewählten Steinen sowie den wichtigsten Metallen vertraut gemacht. Bewährte und fortgeschrittene Methoden lehren die Benutzung der Steine im täglichen Leben und in der Edelsteintherapie. Besonderer Wert wurde wieder auf die Bildkarten gelegt, damit die charakteristischen Merkmale der Steine und Metalle auch visuell wahrgenommen werden können.

Ich wünsche viel Freude und Bewußtwerdung bei der Arbeit mit den edlen Freunden aus der Mineralwelt.

Teneriffa, im Februar 1993 *Helmut G. Hofmann*

I
Wirkungsweise der Edelsteine

Die Wirkungsweise der Edelsteine wird durch verschiedene Faktoren erzielt:

Licht. Ohne Licht wäre kein Leben auf unserem Planeten denkbar. Das klare Licht macht alle Dinge sichtbar. Weißes Licht enthält alle Farben und erzeugt durch Verringerung seiner Schwingungsrate alle Farben des Regenbogens.

Farbe. Der Einfluß und die Kraft der Farben zeigt sich in vielen Aspekten des täglichen Lebens, bei der Kleidung, der Nahrung, der Wohnungseinrichtung. Überall spürt man die lebensnotwendige Wirkung der Farben auf Seele und Organismus.

Edelsteine sind die reinsten natürlichen Quellen von Farbe. Sie übertragen auf besonders wirkungsvolle Weise ihr farbiges Licht auf die Energiezentren und in die Aura des Menschen. (Näheres über die Zuordnung der Edelsteine im Kapitel »Farben der Edelsteine und ihre Zuordnung zu den Chakras«.)

Chemische Zusammensetzung. Viele Edelsteine bestehen zu einem Großteil aus Kieselsäure. Über die Aufnahme durch die Haut kann der Mensch fehlende Substanzen in feinstofflicher Form vom Stein übernehmen.

Kristallstruktur. Kristalle wachsen in sieben verschiedenen Kristallsystemen: kubisch (würfelig), tetragonal (vierseitig), hexagonal (sechsseitig), trigonal (dreiseitig), rhombisch (rautenförmig), monoklin (einseitig geneigt), triklin (dreifach geneigt). Nur Steine wie Opal, Obsidian, Moldavit und Bernstein lassen sich diesen Systemen nicht zuordnen. Sie sind amorph (gestaltlos).

Das Kristallsystem beeinflußt und unterstützt die Strukturierung, wie zum Beispiel die Zellbildung des Körpers. Auch in unserem Blut sind kristalline Formen enthalten. Dadurch besteht eine Resonanzfähigkeit zu den Edelsteinen. Kristalle sind Energieumwandler, das heißt, sie nehmen Energien auf, leiten sie durch ihre Kristallstruktur und geben sie harmonisiert und gebündelt zurück. So wird zum Beispiel Elektrizität in Schwingung umgewandelt. Ebenso wird dieses Prinzip bei der Herstellung von Quarzuhren angewendet. Auch körperliche und spirituelle Energie wird dadurch harmonisiert.

Form. Die äußere Form der Kristalle drückt oft den Aufbau ihres Kristallsystems aus. So ist zum Beispiel der Pyrit dem kubischen (würfeligen) Kristallsystem zugeordnet und wächst auch meist in Würfelform.

Durch den **Schliff** wird die Form verändert, um Farbwirkung, Glanz oder Wirkung eines Edelsteins zu verstärken. Die Form unterstreicht die Energieabstrahlung des Steins in bestimmte Richtungen. Dies beweisen auch Kirlianfotografien von Edelsteinen.

Transparenz. Die Steine sind unterschiedlich durchsichtig. Klare Steine beeinflussen eher Geist und Denkvermögen, undurchsichtige Steine mehr den körperlichen Bereich.

Härte. Harte Steine festigen Strukturen und Charaktereigenschaften, weiche Steine können dagegen erstarrte Denkmuster lösen.

Steine und Mineralien haben zwar die niedrigste Schwingungsrate aller Lebewesen, aber sie können kraftvolle Auswirkungen auf unser Wesen haben, die wir zu unserer Weiterentwicklung ebenso nutzen sollten, wie vergangene Kulturen es getan haben.

Die Ausstrahlung und Wirkung der Steine ist immer vorhanden. Doch durch Resonanzbereitschaft, die Öffnung des Menschen für die Wirkung der Steine, wird ein besseres Ergebnis erzielt.

Bei einer Ablehnung der Edelsteine werden Blockaden aufgebaut, und die Wirkung ist dann abgeschwächt.

Edelsteine wirken auf vielseitige Weise. Oft wird die Frage nach der Beweisbarkeit der Wirkung der Steine gestellt. Es gibt bereits einige Methoden, die Schwingung der Steine sichtbar zu machen, wie zum Beispiel die Kirlianfotografie. In der Atomphysik ist man zu der Erkenntnis gekommen, daß letztlich alle Materie aus Schwingung bzw. Energie besteht und daß verschiedene subatomare Teilchen, die einmal Kontakt zueinander hatten, in Zukunft ähnlich reagieren. Doch für die meisten subtilen Energien fehlen noch die Meßinstrumente.

Man kann in Büchern über das Thema Edelsteine sehr viel Basiswissen, Anwendungsmethoden und Wirkungsweisen erfahren. Die Arbeit mit Edelsteinen wird stets neue Erfahrungen, aber auch neue Geheimnisse mit sich bringen. Denn jeder individuelle Stein steht bei der Behandlung oder Anwendung in Resonanz zu dem individuellen Wesen, für das er zu einem speziellen Zeitpunkt in einer nie wiederholbaren Entwicklungsphase zur Verfügung steht. Daher wird die Wirkung nie genau wiederholbar sein. Immer wird der Stein auf einen anderen Menschen oder in einer anderen Entwicklungsphase unterschiedlich reagieren. Daher können zwar Basiswissen, Erfahrungswerte und allgemeine Wirkungsweisen übermittelt werden, aber die individuellen Erfahrungen mit den Steinen werden immer verschieden sein.

Wir können unsere Umwelt nur verändern, indem wir uns selbst ändern. Dabei können uns die Edelsteine unterstützen. Sie wirken entsprechend unserem jeweiligen Zustand, unterstützen uns bei der Lösung von Blockaden und festgefahrenen Denkmustern, verstärken unsere Absichten und helfen uns so bei der Umwandlung. Wer nicht bereit ist, sich zu ändern, sollte keine Kristalle verwenden, denn diese sind Energieumwandler. Die eigene Erfahrung ist der überzeugendste Beweis dafür.

Bei der Anwendung der Steine ist die Intuition ein wichtiges Werkzeug – die innere Anschauung ohne Hilfe des Verstandes, eine unmittelbare gefühlsmäßige Erkenntnis des Wesentlichen.

Das bedeutet, daß man durch intuitive Arbeit direkt auf Informationen zurückgreifen kann, die durch die logischen Bahnen des Verstandes nicht immer oder zumindest nicht so schnell erreichbar wären. Denn der Verstand greift gerne auf bewährte Muster und folgerichtiges Denken zurück, und neue, noch nicht dagewesene Entscheidungen und Erkenntnisse passen schwer in dieses Raster.

In den letzten 300 Jahren mit zunehmend materiellem und rationalem Denken wurden Anwendung des logischen Verstandes, Spezialistentum und lineares, trennendes Denken gefördert. Das Gefühl kam ins Hintertreffen.

Nicht zuletzt aus diesem starren System heraus entstanden viele Probleme unserer Zeit wie negative zwischenmenschliche Beziehungen, Umweltschädigungen, gefühllose Gesellschaftsbedingungen und ein Ansteigen vieler Zivilisationskrankheiten.

Unser Leben ist so vielschichtig geworden, daß man mit dem Verstand allein nicht mehr zurechtkommt. Die Einseitigkeit des logischen Denkens kann durch das Gefühl, die Intuition ausgeglichen werden. Viele erfolgreiche Manager und Führungspersonen haben das erkannt. Sie benutzen zwar in ihrer Arbeit Statistiken und Analysen, aber erfolgreiche Entscheidungen führen sie oft auf ihre Intuition zurück.

Auch im täglichen Leben, sowohl im Beruf wie in der Freizeit, fällt alles leichter, wenn man sich öffnet, auf die innere Stimme hört und dann Entscheidungen trifft. Man kann diese Resultate zusätzlich verstandesmäßig überprüfen. Je mehr man jedoch auf seine Intuition hört, desto sicherer wird man in seinen Urteilen. Man verliert mehr und mehr die Angst vor Fehlentscheidungen.

Wichtig dabei ist, daß man allmählich wieder mit seinem inneren Führer, mit dem Lebensziel oder wie auch immer man diesen inneren Antrieb nennen möchte, übereinstimmt. Dadurch gelingt vieles einfacher, und man scheint vom Glück begünstigt. Frauen können von Natur aus leichter gefühlsmäßig entscheiden, daher der Ausdruck »weibliche Intuition«.

Wie kann man die Intuition fördern?

Eine sehr schöne und wirksame Methode ist die Arbeit mit den Edelsteinen. Da man dabei viele Entscheidungen intuitiv trifft, bekommt man viel Übung in der gefühlsmäßigen Arbeit. Die Intuition wird erleichtert durch Entspannung und Ruhepausen nach intensiver Arbeit oder auch durch Meditation oder Edelsteintherapie. Durch den praktischen Umgang mit den Steinen und Kristallen in einem entspannten Zustand erfährt man persönliche Weiterentwicklung und Erkenntnis.

Möge dies dazu führen,
daß wir leuchten wie edle Steine
und mit unserem Glanz
die Welt erhellen.

Farben der Edelsteine und ihre Zuordnung zu den Chakras

Mit folgender Aufstellung der Farben, der entsprechenden Edelsteine, ihrer Zuordnung zu den Energiezentren des Körpers und ihrer Wirkungsweise im körperlichen und seelisch-geistigen Bereich können Sie selbst beurteilen, warum Sie manche Farben bevorzugen und andere ablehnen. So erkennen Sie Ihren jetzigen Zustand, können Einseitigkeiten ausgleichen und zu mehr Harmonie gelangen. Außer durch ihre Farben wirken die Edelsteine auch durch andere Eigenschaften.

Bei der groben Einteilung der Steine nach Farben können auch Steine der gleichen Farbe durch ihre verschiedenen Wirkungsfaktoren sehr unterschiedliche Wirkungsweisen haben.

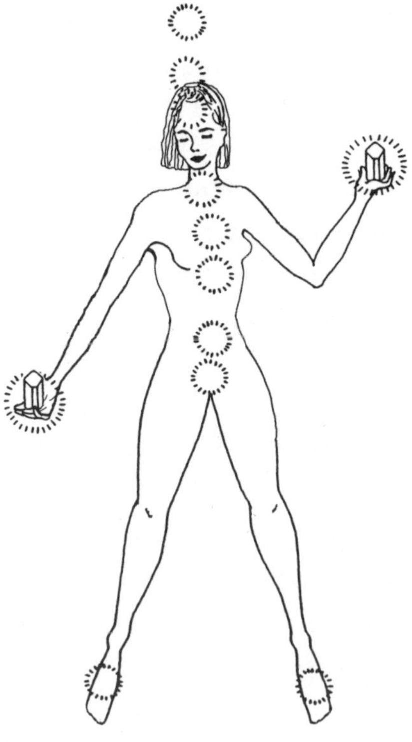

Die Chakras
(Energiezentren)

Bei dieser Aufstellung gehen wir von den acht Energiezentren (Chakras) des Körpers aus, wie sie auf der Zeichnung zu sehen sind. Zusätzlich kommen noch die Energiepunkte der Hände und Füße hinzu.

Chakras (Sanskrit: Räder) sind Kraftzentren des Körpers, die sich ständig drehen, Lebensenergie aus dem Kosmos in den Körper ziehen sowie überschüssige Energie abgeben.

Schwarz: Energiezentrum Füße (Mitte der Fußsohlen)

Edelsteine: schwarzer Turmalin, Obsidian, Onyx, Rauchquarz, Magnetit, schwarze Koralle, Turmalinquarz

Körperliche Wirkung: Erdung und Stabilisierung des Körpers, schlaffördernd, Erhöhung der Widerstandskraft.

Seelisch-geistige Wirkung: Beruhigung des Geistes, Bewußtmachung und Integration unserer Schattenseiten.

Rot: Energiezentrum Basis oder Wurzel (zwischen Anus und Genitalien, öffnet sich nach unten)

Zugeordnete Drüsen und Körperteile: Nebennieren; Knochen, Wirbelsäule, Blut, Beine, Darm

Edelsteine: Rubin, Granat, Achat, rote Koralle, roter Jaspis, Hämatit, roter Spinell, Tigereisen, Zoisit mit Rubin

Körperliche Wirkung: Körperaktivierung, Kräftigung der Geschlechtsorgane, Stärkung von Blut und Kreislauf.

Seelisch-geistige Wirkung: Regt die Gedanken an und zieht sie auf die materielle Ebene, gegen Depressionen und Lethargie; gut für bleiche, melancholische Menschen.

Orange: Energiezentrum Milz, Nabel oder Sakral (oberhalb der Schamhaargrenze, unterhalb des Nabels)

Zugeordnete Drüsen und Körperteile: Keimdrüsen, Eierstöcke, Prostata, Hoden, Geschlechtsorgane, Nieren, Verdauung, Körperflüssigkeiten

Edelsteine: Karneol, Feueropal, oranger Achat, Padparadscha, Calcit orange, Sonnenstein

Körperliche Wirkung: Unterstützt Nahrungsaufnahme, Verdauung und Ausscheidungen; Förderung der Durchblutung, Stärkung der Sexualorgane.

Seelisch-geistige Wirkung: Steigerung der Kreativität und der Lebenskraft.

Gelb: Energiezentrum Solarplexus (Mitte zwischen Brustbein und Nabel)

Zugeordnete Drüsen und Körperteile: Pankreas, Magen, Galle, Leber

Edelsteine: Zitrin, gelbes Tigerauge, gelber Saphir, Calcit gelb, Ametrin

Körperliche Wirkung: Stärkung von Körper, Gehirn, Nerven, Lunge; gegen Diabetes und Depressionen, verdauungsfördernd.

Seelisch-geistige Wirkung: Hilfe bei Zielverwirklichung, Stärkung der Kreativität und der Willenskraft.

Rosa und Grün: Energiezentrum Herz (Brustmitte)

Zugeordnete Drüsen und Körperteile: Thymusdrüse; Lunge, Herz, Kreislauf, Haut

Edelsteine, rosa: Rosenquarz, Kunzit, Rhodochrosit, Rhodonit, rosa Turmalin, rosa Koralle, Wassermelonenturmalin

Edelsteine, grün: Smaragd, Dioptas, grüner Turmalin, Calcit, Aventurin, Jade, Moosachat, Chrysopras, Peridot, Malachit, Moldavit, Alexandrit, Amazonit

Körperliche Wirkung: Entspannung, Beruhigung, fiebersenkend, herzstärkend, streßlösend, heilend bei Magenerkrankungen.

Seelisch-geistige Wirkung: Lösung von Blockaden aufgrund verdrängter Probleme, Steigerung der Selbst- und Nächstenliebe, Gefühlsbereinigung, Harmonie und Frieden.

Hellblau: Energiezentrum Hals oder Kehle (Halsmitte)

Zugeordnete Drüsen und Körperteile: Schilddrüse; Bronchien, Hals, Kehle

Edelsteine: Türkis, Aquamarin, Chrysokoll, blauer Edeltopas, Chalzedon, Mondstein, Amazonit, hellblauer Turmalin, Apatit, Kyanit, Larimar

Körperliche Wirkung: Löst Blockaden im Hals- und Nackenbereich, gegen Drüsenstörungen, zur Nervenberuhigung.

Seelisch-geistige Wirkung: Verbesserung der Rede- und Ausdruckskraft, erweckt Mitgefühl und Verständnis.

Dunkelblau: Energiezentrum drittes Auge oder Stirn (über der Nasenwurzel, zwischen den Augenbrauen)

Zugeordnete Drüsen und Körperteile: Hirnanhangdrüse; Augen, Ohren, Nase, Gesicht und Kleinhirn

Edelsteine: Sodalith, Lapislazuli, Azurit, blauer Saphir, dunkelblauer Turmalin, Dumortierit, Falkenauge, Tansanit, Labradorith, Sugilit blau

Körperliche Wirkung: Verbesserung des Gedächtnisses, blutdrucksenkend, Kräftigung des Sehvermögens.

Seelisch-geistige Wirkung: Hilfe bei Schlaflosigkeit und Depressio nen, Unterstützung bei der Meditation, Stärkung der Intuition, Verbesserung der Konzentrationsfähigkeit.

Lila bis Violett: Energiezentrum Scheitel oder Krone (Mitte der Kopfoberseite)

Zugeordnete Drüsen und Körperteile: Zirbeldrüse, Kopf, Großhirn

Edelsteine: Amethyst, Ametrin, Charoit, Sugilit, Fluorit, violetter Turmalin, Lepidolit, Purpurit

Körperliche Wirkung: Gegen Schmerzen, Schlaflosigkeit und Kopfschmerzen, nervenberuhigend.

Seelisch-geistige Wirkung: Hilfe bei Meditation und spiritueller Entwicklung, Linderung bei Depressionen und Geisteskrankheiten, Erhöhung der Intuition, Harmonie der Gedanken.

Weiß: Energiezentrum Seelentor (ungefähr 15 cm oberhalb des Kopfes) und Hände (Handinnenflächen)

Edelsteine: Bergkristall, Herkimer-Diamant, weißer Diamant, Perle, Selenit, weißer Opal, weiße Koralle, farbloser Spinell

Körperliche Wirkung: Ausgleich, Harmonie, Lösung von Stauungen und Blockaden, Energiezufuhr.

Seelisch-geistige Wirkung: Klärung und Aktivierung der Gedanken, Erleuchtung, Selbsterkenntnis, Schutz vor negativen Einflüssen.

Seelentor – das achte Chakra

Das achte Chakra, ich nenne es Seelentor, kann man sich ungefähr 10 bis 15 cm oberhalb des Scheitels vorstellen. Es gibt noch andere Chakras oberhalb des Kopfbereiches, aber da viele Menschen noch mit der Verarbeitung und Erfahrung der sieben Hauptchakras zu tun haben, möchte ich hier nur auf das achte Chakra eingehen. Denn in unserer Zeit der rasanten Veränderungen und Umwandlungen ist dies ein bedeutendes Energiezentrum, das wir brauchen, um die Ereignisse unseres Lebens zu verarbeiten und uns für neue Energien zu öffnen. Der Energiefluß im Körper läuft vom Basischakra über die Wirbelsäule aufwärts bis zum Scheitelchakra. Manchmal ist jedoch ein Chakra blockiert, d. h., durch eine Verhaltensstörung, ein festgefahrenes Denkmuster oder eine schon manifeste Krankheit ist das Energiezentrum in seiner Funktion beeinträchtigt. Es dreht sich nicht mehr schnell genug, wobei nur noch wenig Energie hindurchfließen kann. Dieses Chakra bremst den Energiefluß in der Wirbelsäule nach oben, so daß weniger Energie zu den nachfolgenden Chakras bis zum Scheitel fließt. Alle nachfolgenden Energiezentren arbeiten also mit verminderter Energie.

Wenn die Energie jedoch frei durch die Chakras fließen kann, befinden wir uns in Harmonie. In besonderen Augenblicken, wenn das Kronenchakra aktiviert ist, erfahren wir die Verbundenheit mit dem Kosmos; wir empfinden Erleuchtung. Das Seelentor öffnet sich, und das weiße Licht der Einheit durchflutet uns. Unser Ich scheint sich aufzulösen, und wir erleben für diesen Moment die Grenzenlosigkeit der Seele.

Uns wird bewußt, daß wir niemals von der Einheit (Gott) getrennt sind, sondern daß wir ein Teil des Ganzen sind.

Verträglichkeit von Edelsteinen und Metallen

Über dieses Thema gibt es kaum Unterlagen, möglicherweise deshalb, weil das Interesse an Edelsteinen und Metallen erst im Wachsen begriffen ist, oder auch, weil es an entsprechenden Untersuchungsmethoden fehlt. Es ist dies jedoch ein hochinteressantes Thema, denn es zeigt, wie unterschiedlich die Verträglichkeit der verschiedenen Stoffe ist.

Durch die Arbeit mit den harmonisierenden Edelsteinketten, die wir Stein für Stein austesten, wurde im Laufe der Jahre die Harmoniewirkung der Steine und Metalle an vielen Menschen ermittelt. Bei der Auswertung dieser Tests kamen wir zu erstaunlichen Ergebnissen.

Hier wird angegeben, wieviel Prozent der Menschen den entsprechenden Stein oder das Metall brauchten:

Gold	99 %	Silex	60 %
Silber	50 %	Perle	75 %
Kupfer	46 %	Rosenquarz	89 %
Amethyst	94 %	Zitrin	66 %
Bergkristall	94 %	Bernstein	46 %
Chalzedon	84 %	Aquamarin	86 %
Hämatit	77 %	Malachit	56 %

Gold

Bei Gold wird von einer Legierung ausgegangen, die mindestens die Hälfte (585 oder 14 Karat) oder besser drei Viertel (750 oder 18 Karat) Goldbestandteile hat oder aus reinem Gold besteht. Ansonsten würden sich durch die zu hohen Fremdmetallanteile andere Resultate ergeben.

Gold ist ein Material, das von fast allen Menschen vertragen wird. Dieses sonnenähnliche Metall rostet nicht, läßt sich bis auf 1/10000 mm auswalzen oder in hauchdünne Fäden ziehen, ohne zu reißen. Gold behält immer seinen Charakter. So ist es auch das

Ichbewußtsein der Menschen, das mit dem Gold harmonisiert. Seine Sonnenkraft nützt jedem. Es stärkt das Selbstverständnis und das Vertrauen in die eigenen Fähigkeiten.

Gold war immer mit dem Beginn und Aufstieg großer menschlicher Kulturen verknüpft.

Silber

Silber ist nur für die Hälfte der Menschen geeignet. Von seiner Farbe und seinen Eigenschaften wird es mit dem Mond verglichen. Es hat eine sehr gute Leitfähigkeit für Strom und Hitze. Diese Fähigkeit gilt auch für den seelischen Bereich. Meist wird es von jüngeren Menschen, die noch in der Entwicklungsphase sind, gebraucht.

Silber fördert Fragen, die Phantasie und die Neugier, die der Erweiterung des Bewußtseins dienen. Ebenso wird das Annehmen von Ratschlägen, der Gehorsam gegenüber Autoritäten und der Nachahmungstrieb gefördert.

Daher ist Silber nicht für alle Menschen geeignet.

Kupfer

Noch extremer ist das Verhältnis bei Kupfer. Über die Hälfte der Menschen vertragen kein Kupfer. Das zeigt, daß man auch mit den Armbändern aus Kupfer, die so beliebt sind, zunächst die Verträglichkeit ausprobieren sollte. Dunklere Hauttypen haben meist schon genug Kupfer im Blut.

Kupfer ist ebenfalls sehr leitfähig, das heißt, es gibt Wärme sehr schnell ab. Daher verwendet man Kupfertöpfe zum schnellen Erhitzen der Speisen oder stellt Heizungsrohre aus Kupfer her. Es wird auch als Schutz verwendet, als Verkleidungsmaterial zum Beispiel bei Schiffen. Es geht leicht Verbindungen mit anderen Metallen ein. So schützt das Kupfer auch vor Krankheiten; Kontakte zur Umwelt fallen leichter. Bei fehlender Liebe ist Kupfer angebracht.

Mit zunehmendem Alter läßt die Kupferverträglichkeit nach, denn in der Kindheit und Jugend fehlen noch die Ummantelung

(Schutz) und Liebe der Umgebung. Der Kupfergehalt im Blut ist in der Kindheit ebenfalls höher; nach dem Heranwachsen läßt er etwas nach. Frauen haben etwas mehr Kupfer (ein weibliches Element, das dem Planeten Venus zugeordnet wird) im Blut als Männer.

Kupfer läßt die Umgebung auf uns einwirken und dann dementsprechend handeln. Ausgereifte, ausgewogene Menschen haben meist genug Kupfer.

Amethyst

Er wird von fast allen Menschen gebraucht, denn er bringt mehr Spiritualität und Erleuchtung in vorhandene Probleme. Er hilft in unserer gestreßten Zeit, mehr Ruhe und Ausgeglichenheit im körperlichen, geistigen und seelischen Bereich zu finden. Er spendet Schwingungen der Liebe und Harmonie – Eigenschaften, die von fast allen Menschen dringend benötigt werden.

Mögen ihn möglichst viele Mitmenschen verwenden, um unsere Welt liebevoller zu gestalten!

Bergkristall

Auch der Bergkristall harmoniert mit den meisten Menschen. Er ist sehr vielseitig in seinen Eigenschaften durch seine weiße Farbe, die alle Farben des Regenbogens in sich enthält. Er besteht aus reiner Kieselsäure (Silicea), die als Medizin eingenommen, ungesunde Stoffe aus dem Körper leitet. Der Bergkristall klärt die Gedanken, wirkt ausgleichend bei Gegensätzen und verhärteten Fronten und sorgt dadurch für Harmonie. Er ist in seinen Anwendungsmöglichkeiten so vielseitig, daß man damit ein ganzes Buch füllen könnte. Er wurde in vielen Kulturen als heiliger oder besonderer Stein geschätzt.

Kein Wunder, daß der Bergkristall auch heute noch von so vielen Menschen benötigt wird.

Chalzedon

84 % der Getesteten brauchten ihn. Er hilft, die Verbindung zur Umwelt über die Sprache aufzunehmen. Als Redestein am Körper getragen, stärkt er die Ausdruckskraft, löst hindernde Blockaden und fördert so die Verständigung unter den Menschen – Eigenschaften, die viele Menschen in ihrer Entwicklung unterstützen.

Hämatit

Auch der Hämatit ist ein Stein, der gerade in der heutigen Zeit von drei Viertel der Menschen gebraucht wird. Er hilft bei Blutproblemen, regt die Blutbildung an, fördert Genesungsprozesse – wichtige Eigenschaften, um mit der schadstoffbelasteten Umwelt besser fertigzuwerden. Er stärkt das Gemüt und schenkt gesunden Schlaf.

Silex

Der Silex wird nur von knapp zwei Dritteln der Menschen gebraucht. Er ist ein Stein, der mit der Erde verbindet. Durch ihn fühlt man sich mehr zur Materie mit ihren Problemen gezogen. Er wirkt aktivierend – Eigenschaften, die in der materiellen, überaktiven Welt bereits reichlich vorhanden sind.

Perlen

Perlen haben einen außerordentlich hohen Gehalt an Kalzium. Kalzium fördert die Stärkung der Haare und der Knochen im menschlichen Körper. Für drei Viertel der Menschen ist die Perle besonders geeignet. Sie erleichtert das Aufnehmen und Integrieren neuer Ideen und Eindrücke. Sie zeigt so den Weg zur Weiterentwicklung durch das Ablegen alter, starrer Denkmuster.

Rosenquarz

Rosenquarz bekommt der großen Mehrzahl der Menschen gut. Dieser sanfte Edelstein bringt sonnige, warme, freundliche und erfreuliche Gefühle ins Herz. Man betrachtet die Mitmenschen toleranter und ist fähiger zur Nächstenliebe. Der Rosenquarz unterstützt auch die Bereitschaft, sich selbst anzunehmen, was eine wichtige Voraussetzung für die Nächstenliebe ist.

Zitrin

Zitrin eignet sich für zwei Drittel der Menschen. Er läßt sie die Zärtlichkeit und das Gefühl für die Menschen stärker beachten, was im Alltagsleben oft nicht mehr wahrgenommen wird. Er stärkt und belebt den Körper und die Emotionen. Der Zitrin gibt dem Verstand aber auch die Kontrolle über diese Emotionen. Daher ist er nicht für Menschen geeignet, bei denen der Verstand stark vorherrscht.

Bernstein

Nicht einmal die Hälfte der Getesteten brauchte den Bernstein. Dies liegt vor allem an der Eigenschaft dieses organischen Steins, den Menschen mehr in die Materie der Erde zu ziehen. Für materielle Menschen ist er daher nicht geeignet, eher für Leute, bei denen die Intuition und die Gefühle vorherrschen und die dabei den Bezug zur Materie verloren haben. Er verhilft zum Ausgleich.

Aquamarin

Aquamarin ist ein begehrter Edelstein, der Liebe in unser Umfeld und unser Herz bringt. Dieser Stein schenkt Toleranz, Heiterkeit, Ausgleich und Besinnlichkeit, so daß man mehr zur Mitte findet, harmonischer wird.

Malachit

Der Malachit hat eine etwas größere Akzeptanz als das Kupfer. Er ist ebenfalls kupferhaltig und weist zum Teil dessen Eigenschaften auf. Er spiegelt unser Inneres wider, auch die negativen Eigenschaften. Man muß mit diesem Stein also an sich arbeiten. Nicht jeder ist dazu bereit.

Wirkung der Formen und Schliffe

Ebenso wie die Farben haben auch die Formen ihre Bedeutung und Wirkung.

Naturformen

Rohe, unbearbeitete Steine haben eine natürliche aktive, kräftige Ausstrahlung.

Die **gewachsene Kristallspitze** hat die stärkste Energiekonzentration gebündelt an der Spitze. Man verwendet sie daher auch oft zur Energiemassage, indem man die Spitze über die entsprechenden Stellen führt.

Es gibt auch **naturgewachsene Doppelspitzen** bei den Kristallen; an beiden Seiten des Kristallstabes befindet sich eine Spitze. Diese Kristalle haben eine sehr ausgleichende Energie, da zwei Pole (Yin und Yang, + und –) vorhanden sind. Sie sind besonders gut zum Auflegen zwischen zwei Energiezentren, zur Kristallmassage und als Anhänger (in der Mitte gefaßt) geeignet.

Oktaeder (zum Beispiel beim Fluorit) sind Doppelpyramiden in Naturform.

Egal, wie man sie verwendet, eine Pyramide zeigt in jede Richtung. Die Energieabstrahlung konzentriert sich auf alle Spitzen.

Drusen – hier bilden Kristalle eine Höhle. Alle Spitzen zeigen zur Mitte, das heißt, es findet eine starke Energiekonzentration statt. Man kann Drusen zum Aufladen von Steinen und Gegenständen verwenden.

Kristallgruppen (mehrere Kristallspitzen zusammengewachsen) zeigen mit ihren Spitzen in verschiedene Richtungen. Die Energie wird gestreut. Sie eignen sich zum Beispiel zur Harmonisierung und zum Energieausgleich von Räumen.

Würfel (zum Beispiel Pyrit) und **Rautenform** (zum Beispiel Calcit): Das Viereck und der Würfel sind die Form der Materie. Sie wirken erdend, festigend und beruhigend.

Stäbe (zum Beispiel Turmalin) leiten die Energien. Sie wirken verbindend, ausgleichend.

Scheiben (zum Beispiel Pyritscheibe) schützen und zentrieren.

Geschliffene Formen

Der **Trommelstein** wird so genannt, weil er in einer Trommel mit Schleifsand geschliffen wird. Er hat eine ewas sanftere Ausstrahlung als der unbearbeitete Stein.

Die **Kugel** hat eine sehr harmonische, »abgerundete« Ausstrahlung. Sie beruhigt und gleicht aus.

Das **Ei** ist von schützender, bemutternder, umhüllender Wirkung.

Die **Pyramide** weist an ihrer Spitze eine starke Energiekonzentration auf. Man kann sie zum Energieaufladen für sich oder für Edelsteine verwenden, indem man den Mittelfinger bzw. den Stein über die Spitze hält, bis man das Gefühl hat, daß es genügt.

Der **Obelisk** wirkt klärend und ordnend.

Rund geschliffene Steine fördern Intuition und Kreativität und geben neue Impulse. Festgefahrene Vorstellungen lösen sich, und man wird beweglicher in den Ansichten.

Oval geschliffene Steine bieten ein Gefühl der Geborgenheit und des Schutzes.

Tropfenförmige Steine erinnern an Tränen. Sie erleichtern das Lösen von Blockaden und fördern dadurch die Harmonie. Sie bringen neue Erkenntnisse und damit mehr Weisheit.

Eckig geschliffene Steine aktivieren die Tatkraft und verhelfen zur Verwirklichung materieller Vorstellungen und zu mehr Erdverbundenheit.

Steine im Brillantschliff machen die Vielseitigkeit (zum Beispiel eines Problems) bewußt und verhelfen zentrierend zu einer Lösung.

Übungen zum Erspüren der Wirkung

Mit folgenden Übungen lernen Sie, die Energien der Steine zu spüren und sich gleichzeitig für feine Schwingungen zu öffnen.

Zu Beginn verwenden Sie am besten einen Bergkristall und gehen später zu den Farbsteinen über.

Zum Einstimmen legen Sie den Stein vor sich hin, nehmen seine Form und seine Farben auf und betrachten ihn von allen Seiten. Ist er in seiner Naturform belassen oder geschliffen? Wie sieht die Oberfläche aus? Ist er transparent? Hat er Einschlüsse? Welche Farben und Farbnuancen hat er?

Schließen Sie die Augen und sehen Sie den Stein mit all seinen Aspekten vor Ihrem inneren Auge. Versuchen Sie, sich alle Details zu vergegenwärtigen. Von Mal zu Mal wird Ihre Vorstellungskraft besser geschult. Das dient auch Ihrem Denkvermögen und Ihrer Kreativität.

Wenn Sie den Kristall plastisch vor Ihrem inneren Auge sehen können, stellen Sie sich vor, eine Türe an der Wand des Kristalls öffnet sich. Sie betreten den Kristall. Erkunden Sie alle Einzelheiten im Innern des Kristalls. Es gibt Wunder zu entdecken. Nehmen Sie Farbe, Licht, Temperatur, Dimensionen, Schwingungen auf und genießen Sie diese Übung. Am Ende verabschieden Sie sich und verlassen den Kristall durch die imaginäre Tür in seiner Wand.

Nehmen Sie den Stein in die Hände. Spüren Sie seine Formen, Kanten, Flächen und Spitzen. Welcher Eindruck entsteht über den Tastsinn? Ist er glatt oder hat er Unebenheiten? Schließen Sie die Augen. Fühlen Sie mehr oder weniger?

Ist der Stein weich oder rauh? Welche Oberfläche hat er?

Fühlt er sich kalt oder warm an? Ist er leicht oder schwer?

Legen Sie den Stein in Ihre geöffnete rechte Hand und schließen Sie die Augen. Stimmen Sie sich auf den Stein ein, richten Sie Ihre Aufmerksamkeit auf die rechte Hand. Entspannen Sie sich. Was spüren Sie in der Hand, im Arm, im Körper? Was hat sich verändert oder was verändert sich?

Lassen Sie locker, entspannen Sie sich.

Spüren Sie in Ihren Körper hinein.

Wechseln Sie anschließend den Stein in die andere Hand. Wiederholen Sie die Übung: Fühlt sich der Stein hier anders an? Was passiert in der Hand, im Körper? Lassen Sie einfach geschehen und nehmen Sie wahr.

Machen Sie diese Übung mit verschiedenen Steinen.

Wie Sie bemerken werden, sind die Erfahrungen sehr unterschiedlich. Die Steine können oft starke Reaktionen auslösen.

Ihre Reaktion auf die einzelnen Steine ist verschieden und entsprechend Ihrer Entwicklungsphase, in der Sie sich befinden, wird sich auch die Resonanz zu diesen Steinen verändern. Wenn ein Stein sich unangenehm anfühlt, kann er eventuell eine Blockade in Ihren Denkmustern oder in Ihrem Körper ansprechen. Legen Sie den Stein dann besser aus der Hand und setzen Sie ihn eventuell zu einem späteren Zeitpunkt ganz behutsam und kurz ein, wenn Sie sich körperlich und geistig gut genug fühlen, um weiter an sich zu arbeiten.

Für die folgende Übung ist eine naturgewachsene, unbearbeitete Bergkristallspitze gut geeignet. Sie sollte ca. drei bis acht cm lang sein.

Halten Sie den Kristall mit der rechten Hand in der Mitte, die Spitze nach außen gerichtet, etwa wie einen Bleistift; jedoch liegt das stumpfe Ende des Kristalls in Ihrer Handfläche.

Öffnen Sie die linke Hand und berühren Sie die Handmitte leicht mit dem Kristall. Entfernen Sie den Kristall etwa ein bis drei cm von der Handfläche, und beschreiben Sie mit der rechten Hand kleine kreisende Bewegungen. Ändern Sie den Abstand etwas, bis Sie einen leichten Widerstand verspüren. Fahren Sie fort und registrieren Sie Ihre Empfindungen. Spüren Sie die Energiekreise?

Diese Übung können Sie auch am dritten Auge (über der Nasenwurzel, zwischen den Augenbrauen) erproben.

Testen Sie einige Steine im Schlaf. Dafür eignen sich besonders Amethyst, Rutilquarz, Hämatit und Rosenquarz. Legen Sie den Stein unter Ihr Kopfkissen. Verbinden Sie sich im Halbschlaf, beim Einschlafen und Aufwachen, mit dem Kristall. Machen Sie sich am nächsten Morgen Notizen, wie Sie geschlafen haben, was und wie intensiv Sie geträumt haben. Mit welchem Stein schlafen Sie am tiefsten? Welcher verursacht die lebhaftesten Träume?

Wenn Sie Ihren Schmuck für den Tag auswählen, entspannen Sie sich einen Moment. Stimmen Sie sich auf die Frage ein: Welches Schmuckstück ist für mich heute besonders geeignet? Dann wählen Sie aus. Legen Sie Ihr Juwel an und setzen Sie sich entspannt hin. Schließen Sie die Augen und spüren Sie, was sich verändert. Wie fühlt sich das Metall, der Stein an?

Welche Empfindungen haben Sie? Von Mal zu Mal werden Sie sicherer, welcher Schmuck für Sie gerade gut ist und Ihnen hilft.

Testen Sie jeweils einen Stein am Tag als Taschenstein. Tragen ihn bei sich in der Kleidung. Machen Sie sich abends ein paar Notizen, wie Sie sich tagsüber gefühlt haben und in welcher Stimmung Sie waren.

Auswahl und Anschaffung der Steine

Bei der Anschaffung von Edelsteinen kommt es vor allem auf Ihre Bedürfnisse und Qualitätsansprüche an. Dementsprechend kann es leicht oder schwer sein, spezielle Steine zu finden, und preiswert oder kostenträchtig, je nach Qualität und Vorkommen. Edelsteine müssen nicht teuer sein. Oft kann man schon für ein paar Mark trommelgeschliffene oder naturbelassene Steine finden.

Mineralienhandlungen bieten meist eine große Auswahl der verschiedensten Arten und Formen an, von Natursteinen über Trommelsteine, Spitzen, Eier und Kugeln bis hin zu Pyramiden und Spezialschliffen. Fangen Sie also ruhig erst einmal mit einigen günstigen Trommelsteinen an, die Sie für sich selbst verwenden, mit denen Sie experimentieren und sich vertraut machen. Ziehen Sie jedoch Steine vor, die nicht gefärbt, bestrahlt oder erhitzt wurden. Wenn die Oberfläche des Steins nicht ganz perfekt ist, er aber eine gute Ausstrahlung hat und Sie anzieht, so können Sie sich ihn ruhig anschaffen.

Kaufen Sie Steine für Edelsteinbehandlungen, legen Sie sich möglichst zwei verschiedene Steine pro Energiezentrum und Farbe zu. Damit haben Sie die Möglichkeit, Alternativen zu wählen, wenn Sie von Fall zu Fall spüren sollten, daß ein Stein nicht so gut geeignet ist.

Für die Hände wählen Sie möglichst zwei gleichartige Bergkristalle (zwei Spitzen, zwei Kugeln etc.).

Suchen Sie einen Stein für sich – ob als Taschenstein, zur Meditation, zur Problemlösung oder für andere Zwecke –, so sollten Sie immer intuitiv vorgehen; lassen Sie sich ganz von Ihrem Gefühl leiten. Eine große Hilfe sind dabei auch die beiliegenden Karten und unser Buch **Die Botschaft der Edelsteine**. Mit den Edelsteinkarten kann man leicht einen Stein auswählen. So können Sie in Ruhe zu Hause entscheiden, bevor Sie ein Geschäft betreten.

Wählen Sie beim Kauf unter den Steinen Ihrer Wahl intuitiv den Stein aus, der Sie von Form und Farbton her am stärksten anspricht. Denn auch hierbei können noch große Unterschiede auftreten.

Lassen Sie sich nicht zu dem Gedanken verleiten: großer Stein = große Wirkung. Wichtiger ist, daß Sie gefühlsmäßig Ihren Stein finden, denn nur dann wird er Ihnen optimalen Nutzen bringen. Wenn Sie mit anderen Methoden wie Radiästhesie, Muskeltest oder Pulsdiagnose vertraut sind, können Sie auch damit die Steine auswählen.

Bei der Auswahl Ihrer Edelsteine spielt natürlich auch die Farbe eine wichtige Rolle. Achten Sie darauf, welche Farbe Sie am meisten anzieht. In welcher Farbe kleiden Sie sich am liebsten?

Das ist eine wichtige Frage, die Rückschlüsse auf Ihre Einstellung zuläßt, denn wir tragen meistens auch die Farben, nach denen uns zumute ist. Andererseits haben diese Farben auch eine starke Wirkung auf unsere Stimmung, unser Gemüt und unsere Umgebung.

Welche Farben lehnen Sie am stärksten ab? Was möchten Sie dadurch abblocken? Lesen Sie darüber mehr im Kapitel »Farben der Edelsteine und ihre Wirkung«.

In der Medizin wird die Farbtherapie schon seit längerer Zeit angewandt, denn Farben beeinflussen unsere Psyche.

Daher ist die Farbe bzw. der Farbton der von Ihnen erstandenen Edelsteine von Bedeutung.

Über die Auswahl der Formen lesen Sie bitte im Kapitel »Wirkung der Formen und Schliffe«.

Anwendung der Edelsteine

Edelsteine können in verschiedenen Erscheinungsformen angewandt werden:

- Rohsteine in den vielseitigsten Ausdrucksformen (zum Beispiel als Würfel, Spitze oder Oktaeder)
- trommelgeschliffene Steine
- geschliffene Steine (verschiedene Edelsteinschliffe oder Kugeln)
- Edelsteinwasser
- Edelsteinessenzen
- Edelsteinöle oder -lotionen

Die Anwendungsmöglichkeiten

- Verwendung für Räume im Arbeits- oder Wohnbereich
- Legen von intuitiven Mustern aus verschiedenen Steinen (Mandalas)
- Taschensteine, die man bei sich trägt und auch ab und zu in der Hand hält
- Schmuck; Rohsteine oder geschliffene Steine, eventuell in Verbindung mit geeigneten Metallen wie Gold, Silber, Kupfer oder Platin
- Behandlung mit Edelsteinen
- Fernheilung mit Edelsteinen
- Kristallmassage
- Meditation mit Edelsteinen
- Edelsteinbad

- Anwendung von Edelsteinwasser und -essenzen; innerlich und äußerlich
- Auftragen von Pflegeprodukten, die Edelsteine oder Edelsteinwasser enthalten

Aufbewahrung

Bewahren Sie Ihre Steine liebevoll auf, entweder an einem festen Platz in Ihrer Wohnung, den Sie mit einem Seidentuch, mit Samt, mit Leder oder einem anderen schönen Naturstoff unterlegen, oder Sie verteilen die Steine dekorativ in Ihrer Wohnung. Edelsteine wollen gesehen und betrachtet werden. Dafür strahlen sie Harmonie und Schönheit aus.

Eine andere Möglichkeit, die gleichzeitig die Wirkung noch steigert, ist das Legen eines Mandalas (Symbol- oder Meditationsbild). Legen Sie dazu intuitiv die Steine zu einem Muster. Diese Figur drückt Ihr Unterbewußtsein aus. Sie verbreitet Harmonie im Zimmer und lenkt die Blicke auf sich.

Man sollten Kristalle jedoch nicht auf oder in die Nähe von elektrischen Geräten stellen, da sie deren Energien aufnehmen.

Sie können zur Unterstützung Ihrer Arbeit einen entsprechenden Edelstein oder Kristall auf Ihren Arbeitsplatz stellen. Neben das Bett oder unter das Kopfkissen gelegt, unterstützt der entsprechende Edelstein den Schlaf und verleiht aufschlußreiche Träume (siehe Kapitel »Edelsteine zum Schlafen und Träumen«).

Zum Mitnehmen sollten Sie die Steine ebenfalls in Naturstoffe packen, in ein Lederbeutelchen, in ein Tuch eingerollt, eingeschlagen in einen Naturstoff oder in ein Holzkästchen verpackt.

Soll er für längere Zeit aufbewahrt werden, verpacken Sie den Edelstein oder Kristall in einen festen Naturstoff, bevor Sie ihn weglegen, oder Sie kleiden ein Kästchen mit Naturstoff aus, legen die Steine hinein und füllen es mit getrockneten Blumen, Blättern oder Kräutern aus. Wenn Sie dann die Steine wiederverwenden, strömt Ihnen ein angenehmer Duft entgegen.

Reinigung

Da Edelsteine und Kristalle Schwingungsträger sind und Informationen und Energien der verschiedensten Art speichern, sollte man sie vor und nach jeder Benutzung, oder wenn man sie neu bekommen hat, reinigen; es sei denn, man hat einen Stein programmiert (siehe Kapitel »Programmieren von Kristallen«) und will die Programmierung beibehalten.

Es gibt verschiedene Methoden der Reinigung:

Wasserreinigung: Man legt die Steine oder den Schmuck für einige Stunden in eine Schüssel mit Wasser. Falls man die Möglichkeit hat, ist das Wasser in der Natur vorzuziehen – aus einem Bach oder Fluß, einer Quelle, einem See oder aus dem Meer. Dazu sollte man die Steine in ein Sieb oder Netz geben, damit sie nicht weggespült werden.

Erdreinigung: Man gräbt den Stein in ungedüngte Erde ein und läßt ihn dort sieben Tage ruhen, bevor man ihn ausgräbt und wäscht.

Räuchermethode: Dazu verwendet man am besten natürliches Räucherwerk wie Salbei oder Myrrhe, aber auch Räucherstäbchen, zum Beispiel aus Zedern- oder Sandelholz, oder andere Düfte. Man hält den Stein in den Rauch und bläst diesen über ihn.

Sandreinigung: Hierzu verwendet man möglichst feinen Sand. Sand besteht ja wie Bergkristall aus Quarz (Kieselsäure) und nimmt leicht Schwingungen auf. Man füllt ein Glas bis zur Hälfte mit Sand, legt den Schmuck (besonders ererbter Schmuck ist oft stark vorbelastet) oder die Steine hinein und füllt das Glas mit Sand auf. Den Behälter stellt man an einen dunklen Platz oder deckt ihn zu. Nach drei Tagen nimmt man die Steine heraus und schüttet den Sand an einen unzugänglichen Ort, denn er ist danach stark mit den Schwingungen des Schmucks belastet und sollte auf keinen Fall mehr verwendet werden.

Ultraschallreinigung: Diese Möglichkeit hat man kaum zu Hause, doch haben Juweliere und Optiker meist ein Ultraschallgerät. Hier werden Schmuck und Steine durch Ultraschallwellen, kombiniert mit einer Reinigungslösung, in etwa zehn Minuten gesäubert. Vorsicht: Smaragd, Rhodochrosit, Koralle, Türkis und einige weitere Steine eignen sich nicht für diese Methode.

Reinigung durch Visualisierung: Eine sehr schöne und einfache Methode ist die Reinigung durch die Vorstellungskraft. Gedanken sind Kräfte, Energien. Jede Handlung, jedes Werk entsteht zunächst in den Gedanken. Erst dann wird der Gedanke in Materie umgesetzt. Daher sind gezielt eingesetzte Vorstellungen sehr wirksam.

Sie nehmen dazu die Steine in beide Hände, welche ein Becken formen. Stellen Sie sich mit geschlossenen Augen einen Wasserfall oder Bergbach vor, der über die Steine fließt und alles Belastende mit sich wegschwemmt. Halten Sie diese Vorstellung so lange aufrecht, bis Sie das Gefühl haben, daß es genug ist. Diese Methode eignet sich für alle Gelegenheiten, wo man kein Wasser oder andere Reinigungsmethoden zur Verfügung hat. Auch in Seminaren wird diese Methode angewandt.

Aufladen von Kristallen und Edelsteinen

Nach der Reinigung sollten die Steine mit neuer Energie aufgeladen werden. Dazu legt man sie in die Sonne oder zumindestens ins Tageslicht, oder man wendet die Visualisationsmethode an. Dazu nimmt man die Steine in die Hände und stellt sich vor, wie die Sonne die Edelsteine mit ihren goldenen Strahlen neu auflädt. Man hält diese Vorstellung so lange aufrecht, bis man merkt, daß es genug ist.

Bei sonnenempfindlichen Steinen wie Amethyst, Türkis, Rosenquarz, Zitrin und Chrysopras sollte man eine direkte Sonnenbestrahlung vermeiden, da sie dabei leicht an Farbe verlieren könnten.

Eine andere Möglichkeit ist, die Steine ins weichere, weibliche Licht des Mondes zu legen, am besten bei aufgehendem Mond oder Vollmond.

Auch eine Pyramide oder Kristalldruse ist gut geeignet, um die Steine zum Aufladen hineinzulegen.

Ebenso kann man auch um die Steine einen Kreis aus Bergkristallspitzen legen, wobei die Spitzen der Kristalle kreiseinwärts zeigen; im Energiefeld der Kristalle erholen sich die Steine.

Auch die Reikimethode eignet sich gut zum Aufladen der Steine.

Programmieren von Kristallen

Kristalle können zusätzlich zu ihrer natürlichen Wirkungsweise Schwingungen aufnehmen, wenn man mit ihnen arbeitet. Die aufgenommenen Schwingungen werden gespeichert und erst durch die Reinigung wieder neutralisiert. Man kann diese Eigenschaft benutzen, um eine gezielte Information, Richtung oder Absicht in einen Edelstein einzugeben, um so die Wirkung zu verstärken; besonders gut eignen sich dafür Kristalle. Wichtig ist, daß man für das einzugebende Programm ein sehr klares Ziel hat. Je stärker die Absicht, desto besser ist die Wirkung und der Erfolg.

Nehmen Sie an, Sie möchten einem Freund helfen, der an starker Nervosität leidet. Dazu nehmen Sie einen Amethystkristall, der beruhigend und ausgleichend wirkt. Reinigen Sie den Kristall, entweder unter fließendem Wasser oder nach einer der anderen genannten Methoden, laden Sie ihn auf und nehmen Sie ihn in die Hände.

Entspannen Sie sich und konzentrieren Sie sich auf die Absicht. Dazu stellen Sie sich diesen Freund ganz ruhig und ausgeglichen vor, da immer der positive, zu erreichende Endzustand als Ziel visualisiert werden sollte.

Diese Vorstellung lassen Sie so stark wie möglich werden und projizieren sie in den Stein. Stellen Sie sich dieses Gedankenbild im Amethyst vor, bis Sie den Eindruck haben, daß er damit ausgefüllt ist.

Sie können auch den Satz eingeben: »Möge dieser Kristall dem höchsten Wohle von ... (Name) dienen.«

Danach legen Sie den Kristall in ein Tuch und übergeben ihn dem Freund. Er sollte ihn dann möglichst keinem anderem Menschen in die Hand geben, sondern nur für sich als Taschenstein benutzen. Diese Programmierung wird die Wirkung des Kristalls um ein Vielfaches verstärken.

Man kann diese Methode benutzen, um Steine für sich selbst, für andere, für Pflanzen, für Tiere oder andere Zwecke zu programmieren; mit den beschriebenen Reinigungsmethoden läßt sich die Programmierung jederzeit wieder löschen.

Hier noch einmal die einzelnen Schritte der Programmiermethode:

- Aussuchen eines geeigneten Kristalls für den entsprechenden Zweck
- Reinigen des Steins
- Aufladen des Steins
- Entspannen, eventuell bei geschlossenen Augen
- Konzentrieren auf das Ziel; Vorstellung so klar wie möglich halten
- Projizieren dieser Absicht in den Kristall, bis man fühlt, daß es genug ist
- Verwendung des Steins für den programmierten Zweck
- Nach Erreichen des Ziels Reinigung des Kristalls

Kristalle lassen sich außer mit Gedanken auch mit Gefühlen, mit Tönen, mit Farben, mit Bildern und Symbolen programmieren, um sie gezielt einzusetzen. Man geht nach der oben beschriebenen Methode vor und gibt die gewünschte Vorstellung ein. Der Kristall sollte nur dieser Programmierung entsprechend eingesetzt werden.

Pflanzen können mit speziell gespeicherten Kristallen in ihrem Wachstum unterstützt werden. Auch zum Meditieren oder Lernen eignen sich programmierte Kristalle gut.

Edelsteinbehandlung

Bei der Behandlung mit Edelsteinen sollten Sie sich in einer ausgeglichenen Verfassung befinden. Der zu Behandelnde trägt möglichst lockere und einfarbige, am besten weiße Kleidung und legt sich bequem auf eine hohe Liege in einem ruhigen, gut gelüfteten Raum, in dem man nicht gestört wird. Lassen Sie leise eine ruhige, entspannende Musik laufen.

Suchen Sie nun intuitiv für jedes Energiezentrum einen Edelstein aus (siehe Kapitel »Farben der Edelsteine und ihre Wirkung«). Reinigen Sie die Steine und laden Sie sie auf.

Legen Sie die Steine auf das jeweilige ihrer Farbe entsprechende Energiezentrum. Zwischen die Füße legen Sie einen schwarzen Stein wie Obsidian, Onyx oder schwarzen Turmalin. In jede Hand legen Sie einen Bergkristall, entweder als Spitze, Trommelstein oder als Kugel, doch möglichst jeweils zwei ungefähr gleichgestaltete Steine.

Stellen Sie sich in Gedanken Ihre Aura vor, die Sie umhüllt und beschützt, und visualisieren Sie auch die schützende Hülle des Patienten.

Umstreichen Sie seine Aura mit beiden Handflächen – seinem Körper zugewandt – dreimal im Abstand von ungefähr 15 cm im Uhrzeigersinn.

Stellen Sie sich vor, daß kosmische Energie durch Ihr Scheitelchakra durch Sie hindurch über Ihre Arme und Hände nach außen fließt. Setzen Sie bei der Behandlung **nie** Ihre eigenen Vorstellungen davon ein, was geschehen soll, sondern lassen Sie die Steine und die kosmische Energie zum höchsten Wohle aller Beteiligten wirken.

Beginnen Sie am Scheitelchakra, da hier die entspannende Wirkung am schnellsten eintritt und die Blockaden meist am stärksten sind. Halten Sie die Hände etwa drei bis fünf Minuten lang ungefähr 10 cm über dieses Energiezentrum. Legen Sie dabei die Hände nebeneinander und halten Sie die Finger geschlossen. Sie können dabei Hitze, Kälte, Prickeln oder Schmerzen in den Händen spüren. Dies ist ein Zeichen dafür, daß sich Energiestaus lösen oder daß Energie zugeführt wird.

Führen Sie Ihre Hände den Körper abwärts über alle Chakras. An den Stellen, die Sie besonders intensiv (als Hitze, Kälte, Stechen etc.) spüren, verweilen Sie länger.

Die Behandlung sollte etwa 30 bis 45 Minuten dauern.

Beim Loslassen von aufgestauten Problemen können oft Tränen fließen oder ein Kullern im Darmbereich ausgelöst werden. Manchmal löst sich schnupfenartiger Schleim oder es muß im Anschluß an die Behandlung verstärkt Wasser gelassen werden. Alle diese Reaktionen sind zu begrüßen.

Beenden Sie die Behandlung mit dem dreimaligen Ausstreichen der Aura und der Reinigung der Steine. Berühren Sie den Empfänger der Behandlung leicht an der Schulter und nennen Sie seinen Namen. Er sollte die Anwendung noch eine Weile nachklingen lassen und etwas ruhen.

Selbstbehandlung mit Edelsteinen

Suchen Sie sich entsprechend dem Kapitel »Farben der Edelsteine und ihre Zuordnung zu den Chakras« für jedes Energiezentrum einen Edelstein aus. Gehen Sie dabei intuitiv vor. Bei speziellen Problemen suchen Sie über die Liste für organische Beschwerden die entsprechenden Steine aus.

Reinigen Sie die Steine und laden Sie sie auf. Stellen Sie eine leise, entspannende Musik an. Legen Sie sich in einen ruhigen Raum, wo Sie nicht gestört werden.

Ordnen Sie die ausgesuchten Steine den Energiezentren des Körpers zu und legen Sie sie auf die entsprechenden Punkte. Atmen Sie tief ein und entspannen Sie Ihre Muskeln und Ihren ganzen Körper. Bei speziellen Problemen leiten Sie den Atem zur betroffenen Stelle, indem Sie sich weißes Licht vorstellen, das dorthin fließt. Beim Ausatmen stellen Sie sich vor, daß alles Belastende mit dem Atem aus Ihrem Körper strömt. Atmen Sie die angegebenen Farben möglichst so lange ein, bis Sie sie spüren oder vor Ihrem geistigen Auge sehen. Achten Sie darauf, welche Farbe Sie dabei ausatmen. Versuchen Sie die gleiche Farbe auszuatmen, die Sie eingeatmet haben.

Stellen Sie sich vor, daß Sie in weißes Licht eingehüllt sind. Atmen Sie dieses Licht ein und lassen Sie es zu Ihrem Basischakra fließen. Hier wird es zur roten Farbe des Feuers. Spüren Sie die Energie in Ihrem Beckenbereich. Wärme und Wohlbehagen breitet sich aus.

Das Rot steigt höher und wird zu Orange. Sie spüren die Energie, die diese Farbe verbreitet. Der ganze Bauchraum ist nun angenehm warm und angeregt.

Lassen Sie das Orange zum Gelb der Sonne werden. Ihr Sonnenzentrum strahlt und erfüllt Sie mit Freude und Kraft.

Im Herzzentrum entsteht nun das Grün der Natur. Sie fühlen sich friedlich, gelassen und ausgeglichen.

Das helle Blau, das Sie Ihrem Kehlchakra zuordnen, wirkt lösend und befreiend. Sie spüren die Verbundenheit zur Welt und den Mitmenschen. Sie empfinden Weite und Freiheit.

Das helle Blau wandert zu Ihrem dritten Auge und wird zum leuchtenden Blau des Lapislazuli. Ihr Geist ist ganz ruhig und entspannt.

Ihr Kronenzentrum in der Mitte der Schädeldecke wird erfüllt vom violetten Strahl des Amethyst. Sie erfahren die Weite des Universums, die Verbindung zum Kosmos.

Liegen Sie ganz entspannt und genießen Sie die Wirkung der Steine.

Nachdem Sie die Übung beendet haben, reinigen Sie die Steine und laden Sie sie auf.

Die Selbstbehandlung kann man sehr gut mit Reiki kombinieren, indem man die Hände bei der Farbvorstellung auf die entsprechenden Chakras legt und die universelle Lebensenergie fließen läßt.

Meditation mit Edelsteinen

Eine besonders schöne Möglichkeit, Steine besser kennenzulernen und intuitiv zu erfassen, ist die Meditation mit Edelsteinen. Steine, mit denen man meditiert hat, lassen sich besser und bewußter für die Heilung einsetzen, denn die besten Lehrer für Edelsteine sind die Steine selbst.

Nachfolgend eine Chakrameditation mit entsprechenden Edelsteinen:

schwarz	– schwarzer Turmalin (zwischen die Füße)
weiß	– zwei Bergkristalle (in die Hände nehmen)
rot	– Granat (Basis- bzw. Wurzelchakra)
orange	– Karneol (Milzchakra)
gelb	– Citrin (Solarplexus)
grün	– Jade (Herzchakra)
rosa	– Rosenquarz (Herzchakra)
hellblau	– Aquamarin (Halschakra)
dunkelblau	– Saphir (drittes Auge)
violett	– Amethyst (Scheitelchakra, hinter den Kopf auf den Boden legen)

Wenn Sie die angegebenen Steine zur Verfügung haben, reinigen Sie sie, laden sie auf, breiten sie vor sich aus, betrachten sie und stimmen sich auf sie ein.

Bevor Sie sich zur Meditation hinlegen, breiten Sie die Steine griffbereit neben sich aus, damit Sie sie auf die entsprechenden Chakras geben können.

Diese Meditation kann auch ohne Steine ausgeführt werden, indem Sie sich die Edelsteine mit Ihrem geistigen Auge vorstellen.

Sorgen Sie dafür, daß Sie während der Meditation nicht gestört werden, nicht in Zeitdruck sind und ruhig und bequem liegen.

Lassen Sie sich den folgenden Text vorlesen oder sprechen Sie ihn selbst auf ein Tonband. Während der Meditation sollte eine entspannende Musik laufen. Der Text ist zur besseren Wirksamkeit in der Ich-Form abgefaßt.

Lockern Sie nun Ihre Kleidung, legen Sie sich hin und plazieren Sie die Steine auf die Chakras.

»Ich liege ganz ruhig, gerade und entspannt. Ich schließe die Augen und halte sie bis zum Ende der Meditation geschlossen.

Ich atme tief ein... und aus. Beim Einatmen spüre ich den Atem als Energie in meinem Körper fließen. Sie fließt in alle Bereiche meines Körpers. Bei jedem Einatmen verstärkt sich die Energie. Ich atme tief ein... und... aus. Ein... und... aus.

Beim Ausatmen lasse ich alles los, was nicht zu mir gehört. Alles Belastende fließt nach außen. Ich atme wieder tief ein... und... aus. Mit jedem Atemzug fühle ich mich freier und leichter.

Ich entspanne nun meine Füße; jeden Muskel lasse ich locker, leite den Atem bis zu den Füßen... entspanne nun auch alle Muskeln und Sehnen der Beine... und der Hüfte.

Mein Becken und der Bauchraum sind ganz locker und entspannt. Ich atme wieder tief ein. Der Atem fließt zum Solarplexus und zum Herzen. Der ganze Brustraum wird weit und leicht. Ich atme ganz frei. Es atmet mich.

Hände, Arme und Schultern sind total entspannt.
Die Muskeln im Gesicht sind locker... gelöst.

Der Atem fließt ganz frei und leicht. Ich spüre die Energie durch die Wirbelsäule fließen, über den Nacken, den Scheitel, bis zum dritten Auge. Es ist wie eine Energiesäule, die vom Steißbein bis zum dritten Auge strömt.

Der Atem fließt frei und leicht und trägt mich zu meinen Händen mit den klaren Bergkristallen. Ihre Energie überträgt sich auf den ganzen Körper, hüllt ihn in ein helles, klares Licht, bis über den Kopf. Diese Klarheit strömt in meine Gedanken. Ich bin Ruhe und Harmonie. Meine schöpferische Kraft steht mir jederzeit zur Verfügung. Ich spüre das Fließen dieser Energie vom Kopf bis zu den Füßen.

Bewußt nehme ich jetzt den Kontakt meiner Füße zum Boden wahr und nehme die Verbindung auf zur Erde. Der schwarze Turmalin ist ein Kind der Mutter Erde. Ich spüre die Geborgenheit, den Schutz und die Stärke, die von ihm ausgeht. Mein Bewußtsein sinkt tief in den schwarzbraunen Boden, den Ursprung des Lebens. Hier sind die Pflanzen über die Wurzeln mit der Erde verbunden. Hier träumen die Steine den ewigen Traum der Materie. Ich spüre die Verbundenheit mit den strahlenden Edelsteinen und Kristallen. Ihre Ruhe, ihre Majestät und ihre Harmonie überträgt sich auf mich. Ich lausche den Botschaften, die sie mir zuflüstern.

Ich fließe weiter mit dem klaren Licht zum Zentrum der Lebensenergie, dem Wurzelchakra. Hier verströmt sich die rote Energie des Granat. Ich empfinde die Lebenskraft, die Freude, den Mut zu neuen Aktivitäten. Wärme breitet sich im ganzen Becken aus. Wärme und Wohlbehagen.

Ich fließe weiter mit dem Atem zum Nabelchakra, zum leuchtenden Orange des Karneols. Ich spüre meine Kräfte wachsen, empfinde die kreativen Impulse, die mein Leben bereichern, bin bereit zu neuen Unternehmungen. Der ganze Bauchraum ist erfüllt von Wärme und Wohlbehagen.

Weiter fließt der Atem zum Solarplexus und wird zum strahlenden Gelb des Zitrins. Mein Sonnenzentrum strahlt goldgelb. Mein ganzer Körper ist durchflutet von dieser positiven, sonnengleichen Kraft. Die ganze Aura erstrahlt in diesem goldenen Licht und verbindet mich mit der Umwelt. Ich spüre Einheit, Geborgenheit und pulsierende Dynamik.

Die Energie strömt zu meinem Herzen und wird zum erfrischenden Grün der Jade. Mein ganzer Brustraum ist weit und entspannt, und diese Entspannung führt mich in einen herrlichen, ruhigen, grünen Wald. Die majestätischen, alten Bäume rauschen leicht im Wind. Vögel zwitschern ihr Lied von Liebe, Freude und Leichtigkeit. Ich bin eins mit dieser herrlichen Umgebung, spüre das weiche Moos unter den Fußen. Ein Sonnenstrahl erhellt eine Lichtung. Die Luft tanzt flimmernd über dem Grün der Pflanzen. Ich bin Freude, Dankbarkeit, Harmonie.

Auf der Lichtung schimmert am Boden, zwischen den Pflanzen, sanftes Rosa – ein Rosenquarz. Ich hebe ihn auf und spüre seine milde, liebevolle Energie. Sie strömt mir direkt ins Herz, dehnt sich aus. Ich pulsiere in dieser liebevollen, vertrauten Schwingung.

Ich bin Liebe, spüre die Verbundenheit mit allen Lebewesen. Ich lasse dieses rosa Licht strömen, dahin, wo es gebraucht wird. In mir und nach außen.

Das Rosa fließt nun zur Kehle und wird zum sanften Blau des Aquamarin. Wie die blauen Wellen des Meeres flutet es durch meinen gesamten Hals- und Schulterbereich und schwemmt alles Festgefahrene und alle Blockaden hinweg. Es fällt mir leicht, meine Gefühle freizulassen und sie auszudrücken. Ich bin im Fluß. Alles, was mich bewegt, kann ich über Worte nach außen fließen lassen. Ich bin frei und leicht, wie ein weiter, strahlendblauer Himmel.

Ich ströme mit dem Atem zum dritten Auge und dem leuchtenden Blau des Saphir. Mein Geist ist ruhig und klar, wie das stille Blau der Nacht. Sterne funkeln am Firmament. Ich bin verbunden mit der ewigen Weisheit der Schöpfung. Ich bin Inspiration. Mein Ziel ist klar. Ich bin im Zentrum meines Wesens. Ich bin.

An meinem Scheitelchakra empfinde ich das beruhigende, durchsichtige Violett des Amethyst. Demut und Menschenliebe durchfluten mich. Ich liebe mich, so wie ich bin. Ich liebe meine Mitmenschen. Diese Liebe zu mir, zu anderen Menschen und zur Umwelt wird mich auch im Alltag begleiten. Sanftmut und Geduld unterstützen mich dabei.

Über meinem Kopf pulsiert eine goldene Energiesonne. Ich atme ihre goldenen Strahlen ein. Mit jedem Atemzug fließt mehr von der goldenen Energie in meinen Kopf und macht ihn leicht und klar. Nun leuchtet die Energiesonne in meinem Kopf. Diese goldene Klarheit und Reinheit wird mich auf meinem Weg begleiten. Immer und überall.

Ich atme tief ein... und aus. Ein... und... aus.

Spüre den Boden unter mir. Den Kontakt der Haut zum Untergrund. Empfinde die Schwere meines Körpers. Atme tief durch und fühle mich wohl in meinem Körper. Wenn ich bereit bin, öffne ich die Augen. Recke und strecke mich und finde mich wohl und munter im Hier und Jetzt ein.

Legemuster mit Edelsteinen

In Legemustern legt man Edelsteine nach einem bestimmten Symbol, Mandala oder Muster entweder auf den Körper oder auf den Boden (Meditationsmuster).

Ihr Zweck ist die Verstärkung der Energie. Da ich der Ansicht bin, daß festgelegte, starre Muster sich nicht auf alle Situationen und Entwicklungsphasen übertragen lassen, bevorzuge ich intuitive, der Situation angepaßte Legemuster. Aber auch hierzu gibt es bestimmte Erfahrungswerte und Erkenntnisse.

Zunächst einige allgemeingültige Regeln und Hinweise zum Einsatz der Kristalle:

Einseitige Kristallspitzen: Zu beachten ist die Richtung, in welche die Spitze zeigt, denn der Energiefluß konzentriert sich zur Spitze hin, die Energie fließt in diese Richtung. Trägt man nun beispielsweise einen Kristallanhänger mit der Spitze nach unten, so leitet sie die Energien abwärts, sie erdet, festigt, beruhigt. Das ist besonders für Personen geeignet, die »abgehoben« sind, »in den Wolken schweben« oder nicht genug Standfestigkeit haben.

Wenn man dagegen die Spitze nach oben trägt, fühlt man sich leichter und die Gedanken fließen freier.

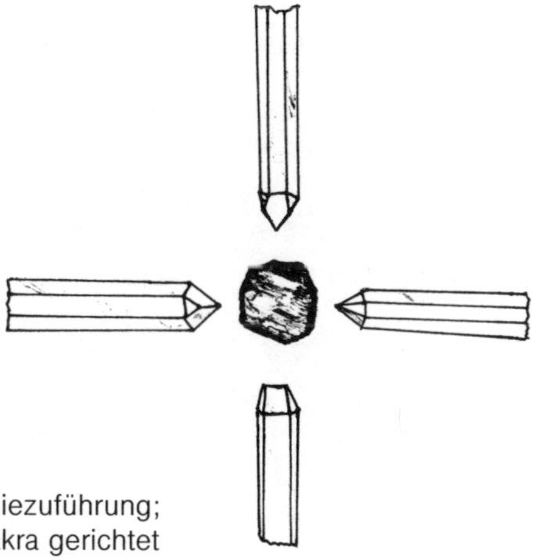

Beispiel 1: Energiezuführung;
Spitzen zum Chakra gerichtet

Richtet man beim Auflegen die Spitze zum Chakra, wird Energie zugeführt, die Wirkung des Steins, der auf dem Energiezentrum liegt und auf den der Kristall zeigt, wird verstärkt.

Zeigt die Spitze nach außen, vom Chakra bzw. dem daraufliegenden Stein weg, wird überschüssige Energie abgeleitet und das Chakra gereinigt.

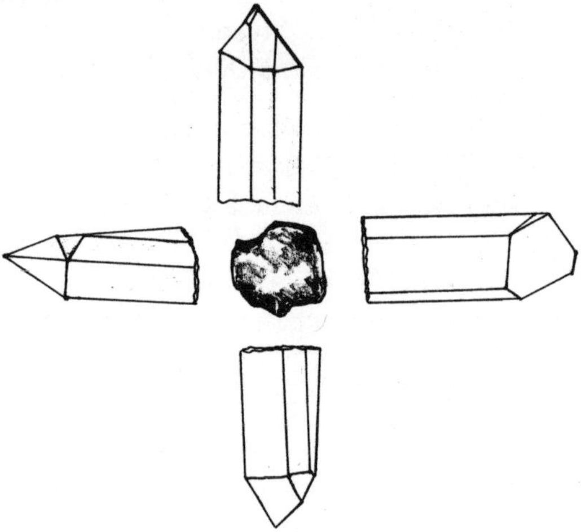

Beispiel 2: Reinigung; Spitzen zeigen vom Chakra weg

Doppelspitze: Ein Kristall mit einer oder mehreren Spitzen auf jeder Seite. Hier findet ein Energieaustausch in beide Richtungen statt. Die Spitzen führen Energie zu bzw. leiten überschüssige Energien ab. Das führt zu Ausgleich und Harmonisierung. Zur Stärkung des Energieflusses und zum Lösen von Blockaden legt man sie zwischen zwei Chakras, mit den Spitzen zu den Energiezentren. Ein Anhänger mit einer senkrecht gefaßten Doppelspitze wirkt ausgleichend und harmonisierend.

Beispiel 3: Chakrenausgleich mit Doppelspitzen

Herkimer-Kristalle oder Herkimer-Diamanten: Dies sind besonders klare, strahlende, doppelendige Bergkristalle, die in Herkimer im Staat New York gefunden werden. Sie sind meist sehr klein und werden wie die Doppelspitzen eingesetzt. Man kann sie auch zur Aktivierung der Inspiration auf das dritte Auge legen.

Pyramide: Die Pyramide wird zur Energieverstärkung aufgelegt oder auch in die Mitte eines Musters gesetzt. Besonders zum Auflegen auf das dritte Auge sind kleine Pyramiden gut geeignet.

Fluoritoktaeder: Fluorit kann Blockaden aufweichen oder lösen. Seine Form als Oktaeder (Doppelpyramide) leitet die Energie durch die Spitzen in die betroffene Stelle oder in das Chakra, auf dem er liegt. Der Fluorit sollte besonders bei festgefahrenen Denkmustern und Krankheiten wie multiple Sklerose, Parkinsonsche Krankheit oder Krebs eingesetzt werden.

Pyritscheibe: Diese naturgewachsene Scheibe aus Pyrit oder Markasit, auch Pyritsonne oder Heilscheibe genannt, hat zwei Seiten, zwei Pole. Bevor man sie auflegt oder über die Problemstelle hält, sollte man intuitiv erspüren, welches die geeignete Seite zum Auflegen ist. Halten Sie die Scheibe mit der Frage »Welche Seite ist für dieses Chakra angebracht?« vor das dritte Auge, im Abstand von ungefähr ein bis drei Zentimeter. Die Seite, welche sich angenehmer anfühlt, legen Sie auf.

Die Pyritsonne wirkt lösend, schmerzlindernd und heilend.

Naturgewachsene Edelsteinstäbe: Stäbe, wie sie beim Aquamarin, Smaragd, Topas, Turmalin auftreten, können wie die Doppelspitze eingesetzt werden.

Kugeln: Da Kugeln leicht vom Körper rollen, sind sie am besten für die Hände geeignet. Sowohl Rosenquarz, Bergkristall als auch Amethyst und Zitrin lassen sich bei der Edelsteinbehandlung in der Hand halten und je nach gewünschter Wirkung verwenden.

Trommelsteine, Cabochons und andere Schliffe: Sie werden gemäß ihrer Form eingesetzt (siehe auch Kapitel »Wirkung der Formen und Schliffe«). Entweder legt man sie direkt auf das Chakra oder um das Energiezentrum in symmetrischer Anordnung.

Praktische Anwendung der Muster bei der Chakrabehandlung: Wählen Sie zunächst entweder intuitiv, mit den Edelsteinkarten, nach der Indikationsliste oder mit einer anderen Methode die für den speziellen Fall angebrachten Edelsteine aus. Die Muster setzen voraus, daß Ihnen eine angemessene Auswahl an Steinen zur Verfügung steht.

Lassen Sie sich von Ihrer Intuition führen, wie Sie die Steine einsetzen. Legen Sie sie möglichst immer symmetrisch zur Körpermitte (Wirbelsäule) auf.

Hier einige Beispiele:

Beispiel 1: Energiezuführung, Verstärkung der Edelsteinenergie.

Beispiel 2: Reinigung, Klärung, Energieabteilung.

Beispiel 3: Chakrenausgleich, Verstärkung der Energieverbindung zwischen den Chakras.

Bei Beispiel 1 und 2 kann man die Spitzen auch durch Doppelspitzen ersetzen. Der Intuition sind bei der Anwendung von Legemustern keine Grenzen gesetzt.

Die Steine lassen sich auch in geometrischen Mustern anordnen. Das bringt die Kraft dieser Symbole zusätzlich zum Tragen.

Meditationsmuster: Diese Figuren oder Muster wendet man zur Energieverstärkung und -konzentration an. Man legt sie mit einseitigen oder doppelendigen Kristallen in entsprechender Größe, so daß man sich in das Innere der Figur legen kann. Dies ist gut geeignet, um zu meditieren und gleichzeitig die Wirkung der gelegten Symbole zu spüren. Informieren Sie sich über die Aussage der Symbole und entscheiden Sie intuitiv, welche dieser Energieformen Sie gerade brauchen. Legen Sie sich ungefähr 20 bis 30 Minuten in das Energiefeld, entspannen Sie sich und sammeln Sie Ihre Erfahrungen, Botschaften und Eindrücke.

Dreieck: Gegensätze vereinigen sich, Polaritäten werden harmonisiert oder aufgelöst.

Dreieck; Spitze nach oben: symbolisiert aufsteigende, erhöhende, männliche Kraft.

Dreieck; Spitze nach unten: steht für weibliche Energie, führt in die Materie, ins Körperliche.

Davidstern: Die Verbindung beider Dreiecke vereint die schöpferische und gebärende Kraft. Er ist ein Schutzzeichen.

Oval- oder Eiform: hat Keimkraft, steht für vitale Energie und ist Symbol von Gesundheit und Schönheit.

Quadrat: symbolisiert Materie, Weiblichkeit, Ruhe, Festigkeit.

Kreis: ist der Gegenpol zum Quadrat und repräsentiert Geborgenheit, Einheit, Ganzheit und Fülle.

Kristallgruppen zur Harmonisierung

Kristallgruppen, auch Gruppensteine genannt, bestehen aus mehreren Kristallspitzen, die in eine oder in unterschiedliche Richtungen zeigen. Es sind sehr dekorative Gebilde, mit denen man jeden Raum auflockern und verschönern kann. Gleichzeitig entsteht durch Kristallgruppen mehr Harmonie im Raum.

Ebenso kann man einen Gruppenstein als Tischdekoration benutzen. Die Menschen, die sich zusammensetzen, werden ausgeglichener und harmonischer reagieren. Wird ein Arbeitsplatz, der von vielen Menschen frequentiert wird, mit einer Kristallgruppe dekoriert, sind die Gespräche ruhiger, entspannter und vielleicht auch fröhlicher.

Im Krankenzimmer, wo viele negative Schwingungen vorhanden sind, wirkt eine Kristallgruppe neutralisierend, wohltuend und energiespendend. Der Genesungswille wird angeregt. Hier sollte der Kristall täglich gereinigt werden, es sei denn, er ist programmiert worden.

Verbrauchte, matt gewordene Edelsteine kann man zum Erholen und Auffrischen auf eine Kristallgruppe oder in eine Druse legen.

Edelsteine für Pflanzen

Auch Pflanzen kann man in ihrer Entwicklung und bei Krankheiten mit Edelsteinen unterstützen.

Bei der Auswahl der Steine sollte man intuitiv vorgehen. Im allgemeinen ist besonders der Bergkristall mit seiner vielseitigen Wirkung geeignet. Man steckt eine Kristallspitze in die Erde einer Topfpflanze oder stellt eine Kristallgruppe oder Druse neben die Pflanze. Es können auch vier Bergkristallspitzen (ungefähr drei bis sechs cm lang) mit der Spitze zur Pflanze in Kreuzform um den Topf gelegt werden. Zum Gießen eignet sich besonders gut Bergkristallwasser (Wasser, in das man für mindestens 24 Stunden eine Bergkristallspitze gelegt hat).

Zur Verbesserung des Wachstums im Garten vergräbt man eine Kristallspitze (im Norden) oder vier Spitzen (ungefähr vier bis acht Zentimeter lang, in jeder Himmelsrichtung eine, mit den Spitzen zum Garten) in der Erde am Gartenrand ungefähr fünf bis zehn Zentimeter tief. Die verwendeten Kristalle programmiert man vorher mit dem gewünschten Ziel (zum Beispiel reiches Wachstum).

Ebenso kann man auch Reiki (siehe Kapitel »Reiki mit Edelsteinen«) zur Förderung der Pflanzen einsetzen.

Hält man beim Gartensprengen an den Schlauch einen Bergkristall mit der Spitze ins ausfließende Wasser, verbessert dies die energetische Qualität des Wassers und unterstützt so die Pflanzen in ihrer Entwicklung.

Wer Schwierigkeiten im Umgang mit Pflanzen hat, kann sein Einfühlungsvermögen und Verständnis fördern, indem er einen Moosachat bei sich trägt. Zur Verstärkung kann dieser entsprechend programmiert werden. Der Moosachat, auch Gärtnerstein genannt, vermittelt die Liebe zur Natur und das Erkennen der Pflanzenbedürfnisse.

Edelsteine für Kinder

Da Kinder noch in der Entwicklungsphase stecken und stark auf äußere Einflüsse reagieren, sollte man sie sehr behutsam mit den Edelsteinen unterstützen.

Für Babys eignet sich bei Problemen mit dem Zahnen besonders der Bernstein. Man legt dem Säugling entweder einen Bernstein unter das Kopfkissen (am besten in den Kissenbezug einnähen, damit der Stein vom Baby nicht verschluckt werden kann) oder bindet drei bis fünf kleine Steinchen, auf einen festen Wollfaden gezogen, um das Handgelenk. Bernstein kann auch bei Fieber und Infektionen eingesetzt werden.

Für Kinder bis zu sechs Jahren sollten möglichst sanfte Edelsteine wie Rosenquarz, Aquamarin, Amethyst, Zitrin und Bergkristall verwendet werden. Man kann Kinder aber auch selbst den passenden Stein auswählen lassen, da sie noch sehr in der Gefühlswelt leben und eine bessere intuitive Auswahl treffen als mancher Erwachsene.

Dieser Stein sollte als Taschenstein in der Hosentasche stecken oder als kleiner Anhänger (eventuell in einem Seidenbeutelchen) an eine Lederschnur oder an einem Kettchen getragen werden. Nachts kann er unter dem Kopfkissen liegen.

Für schulpflichtige Kinder gibt es für die verschiedenen Bedürfnisse unterschiedliche Steine:

Der Amethyst wirkt ausgleichend und beruhigend auf nervöse Kinder.

Der Aquamarin unterstützt die Ausdruckskraft und den Dialog.

Der Aventurin hilft gegen Agressionen und negative Schwingungen. Er lindert Schulstreß.

Der Bergkristall wirkt als energetischer Helfer und Schutzstein.

Der Chalzedon beruhigt, erleichtert die freie Rede und hilft gegen Nervosität.

Der gelbe Fluorit fördert die Konzentration und das Denkvermögen.

Der Hämatit fördert die Erholung nach Krankheiten und stärkt ängstliche, blasse und schüchterne Kinder.

Der Karneol verstärkt den Lerneifer und die Kreativität. Bei Bauchschmerzen und Verdauungsproblemen legt man ihn auf das Milz-Chakra.
Die rosa Koralle vermittelt Freude und Heiterkeit und hilft, leichter Freundschaften zu schließen.
Die rote Koralle setzt man bei Anämie und Darmproblemen ein.
Den Olivin gibt man kranken Kindern zur Rekonvaleszenz sowie bei Ängsten und mangelndem Selbstvertrauen.
Der Rosenquarz fördert Friedensliebe und Freundschaften.
Der Rhodonit schickt sanfte Energie und stärkt das Selbstbewußtsein.
Der Sugilit schützt sensible Kinder vor Aggressionen und Negativität.
Der schwarze Turmalin kann bei unruhigen Träumen und traumatischen Erlebnissen eingesetzt werden.
Der Zitrin gleicht die Energien der beiden Hirnhälften aus.

Edelsteine für Erwachsene

Seinen Taschenstein oder Schmuck sollte man immer intuitiv auswählen. Mit den Edelsteinkarten aus diesem Buch oder aus unserem Buch »Die Botschaft der Edelsteine« kann man die Intuition unterstützen. Eine Hilfe sind auch die Listen »Heilwirkung...« und »Indikationen«.

Als Taschenstein eignet sich sowohl ein Trommelstein als auch eine Kristallspitze oder eine Kugel. Man bezeichnet sie auch als Handschmeichler, weil man den Stein gern in die Hand nimmt und mit ihm spielt. Der Edelstein sollte so lange bei sich getragen werden, bis man spürt, daß er seine Aufgabe erfüllt hat und man ihn nicht mehr braucht. Dann sollte man ihn liebevoll aufbewahren.

Diesen persönlichen Stein bitte nicht in den Geldbeutel oder zusammen mit Metall (Schlüsselbund) in die Tasche stecken.

Nachts kann man ihn unter das Kopfkissen legen, sofern es kein aktivierender Stein (rot, orange) ist.

Edelsteine zum Schlafen und Träumen

Zur Unterstützung und Förderung eines gesunden Schlafes sind geeignet:

Amethyst, Hämatit, Hyazinth (braun-braunroter Zirkon), Jade, Saphir, Sugilit, Charoit, Indigolit, Topas und Zitrin. Auch der Schlafstein sollte gefühlsmäßig ausgesucht und ausgetestet werden. Entweder legt man ihn unter das Kopfkissen oder in die Tasche des Schlafanzugs. Er kann auch direkt neben das Bett in Kopfhöhe gelegt werden. Manche stellen eine Amethystgruppe oder -druse in den Schlafbereich. Um besonders klare, aufschlußreiche Träume zu haben, eignet sich ein möglichst reiner Bergkristall oder Rutilquarz, den man unter das Kopfkissen legt. Die Träume sollte man sich notieren, um zu lernen, was einem das Unterbewußtsein mitteilen will. Neben dieser Aufarbeitung hilft bei Alpträumen auch der Karneol, der Bergkristall oder der Rutilquarz.

Edelsteine in der Hausapotheke

Fast alle Edelsteine besitzen eine heilende Wirkung, auch wenn sie bisweilen noch feinstofflicher ist, als bei homöopathischen Mitteln. Für die verschiedenen Zwecke sind aber meist nicht alle Edelsteine vorrätig.

Für eine gezielte Auswahl sind die beiden Listen »Heilwirkung« und »Indikationen« sehr hilfreich. Wählen Sie unter den verschiedenen für einen Zweck angegebenen Steinen, intuitiv Ihren Stein aus, denn die Edelsteine wirken auf jeden Menschen unterschiedlich stark.

Bestimmte Steine lassen sich gezielt bei speziellen Beschwerden einsetzen. So kann die naturgewachsene Pyrit- oder Markasitscheibe auf schmerzende Bereiche aufgelegt werden. Versuchen Sie dabei die Seite der Scheibe zu erspüren, die sich angenehmer anfühlt, wenn sie aufliegt. Bei Kindern sollte man statt dessen eine Achatscheibe verwenden.

Bei Menstruationsbeschwerden und Bauchschmerzen legen Sie einen Karneol auf.

Bei Halsschmerzen und Lymphbeschwerden befestigt man einen Mondstein mit einem Seidenpflaster über der Beschwerdestelle oder trägt ihn als Anhänger in Höhe des Halschakras.

Der grüne Turmalin sollte bei Gleichgewichtsstörungen an einer kurzen Kette getragen werden.

Nach Operationen unterstützt der Hämatit den Genesungsprozeß.

Zur allgemeinen Erfrischung und Aktivierung können Sie eine Gesichtsmassage mit einer Bergkristallspitze machen, indem Sie mit der Kristallspitze ganz leicht die verschiedenen Zonen des Gesichts massieren. Bei Verstopfung sollte besonders der Kinnbereich berücksichtigt werden.

Magnetit lindert Rücken- und Nervenschmerzen durch eine leichte Massage oder durch das Auflegen auf die betroffene Stelle. Er kann auch mit einem Pflaster auf die Stelle geklebt und längere Zeit getragen werden, bis eine Besserung eintritt.

Bei Zahnschmerzen nehmen Sie einen kleinen Aquamarintrommelstein in den Mund an die betroffene Stelle.

Bei Kopfschmerzen, Migräne und Nervosität legen Sie sich entspannt hin und geben einen Amethyst auf das dritte Auge (zwischen die Augenbrauen).

Die Doppelspitze (ein klarer Kristall mit einer Spitze an jedem Ende) aus Bergkristall besteht aus zwei Polen, die sie miteinander vereinigt. So wirkt sie auch nach außen vermittelnd und ausgleichend bei Gegensätzen. Man kann sie zum Ausgleich zweier Energiezentren verwenden, indem man sie jeweils mit einer Spitze zu einem Chakra dazwischen legt, oder aber zum Ausgleich aggressiver Situationen, indem man sie, eine Spitze zu sich und eine zur Gegenpartei, in der Hand hält. Auch zur Energiemassage ist sie gut geeignet.

Der Fluorit wirkt lösend auf Blockaden und Verspannungen. Man legt ihn auf die Problemstelle ungefähr 15 Minuten auf, um die Blockade zu lösen. Anschließend tauscht man den Fluorit gegen den Edelstein aus, der für das entsprechende Problem geeignet ist und läßt diesen noch einmal 15 Minuten liegen.

Fernheilung mit Kristallen

Wie bei anderen Heilmethoden auch lassen sich bei der Arbeit mit Steinen die Grenzen von Raum und Zeit aufheben. Wenn der Empfänger der Heilungsenergie bewußt oder unbewußt bereit ist, sich heilen und in seinem Leben eine Änderung geschehen zu lassen, kann die Fernheilung sehr wirksam sein.

Zur Veränderung gehört auch der Mut, Neues und Unbekanntes geschehen zu lassen und neue Sichtweisen anzunehmen.

Wenn man dem Patienten den Zeitpunkt der Fernheilung mitteilt, kann er die Heilung unterstützen, indem er sich entspannt und eventuell einen Bergkristall in den Händen hält.

Hat man keine Übung mit der Fernheilung, ist es hilfreich, ein Foto oder eine Unterschrift der Empfängerperson zu verwenden.

Man legt das Foto oder die Unterschrift vor sich und benutzt die Steine, welche für die Person geeignet sind (man hat sie entweder mit Hilfe der Edelsteinkarten »gezogen« oder in der Liste der Krankheiten ausgesucht oder intuitiv gewählt). Die Steine werden auf das Foto oder die Unterschrift gelegt. Alternativ kann auch ein Glas mit Wasser und Edelsteinessenz daraufgestellt werden.

Mit einer klaren Kristallspitze, die zum Bild oder zur Schrift zeigt, setzt man sich davor und visualisiert heilendes, ausgleichendes, grünes Licht, das durch das eigene Scheitelchakra über die Hände und den Kristall zu der Person fließt, die man behandelt, alle dunklen Stellen und Schatten auflöst und die Person ganz durchdringt und umhüllt. Diese Vorstellung hält man ungefähr fünf bis acht Minuten aufrecht.

Man kann auch eine Kerze dabei brennen lassen zum Zeichen der reinen Gesinnung und zur Verbindung mit dem kosmischen Bewußtsein.

Ist man schon sehr geübt, kann man auf das Foto verzichten und sich den Empfänger der Fernheilung vorstellen, oder man nimmt einen Bergkristall in die Hand und stellt ihn sich darin vor.

Oft erhält man während der Fernheilung auch intensive Hinweise auf die blockierten Zonen und Organe und darauf, welche Farben, Steine oder sonstige Hilfen angebracht sind.

Man sollte sich während der Fernheilung als Kanal betrachten, durch den die Heilungsenergie aus dem Kosmos fließt. Nach der Behandlung sollte man sich für die innere Führung bedanken. Zu vermeiden ist es, mit dem eigenen Willen etwas zu forcieren. Man stellt dem Empfänger die kosmische Energie und die Hilfe der Steine zur Verfügung, damit das geschehen kann, was zu seinem höchsten Wohle ist, und nicht das, was man sich vorstellt, was für ihn gut wäre, denn dadurch schränkt man die Wirkungsmöglichkeiten ein.

Es ist sinnvoll, sich Notizen über den Verlauf und die Eindrücke der verschiedenen Fernbehandlungen sowie über Datum, Zeit und die verwendeten Steine zu machen.

Reiki mit Edelsteinen

Da immer mehr Menschen Reiki lernen und anwenden, möchte ich meine Erfahrungen als Reikimeister zu der Kombination von Reiki und Edelsteinen beschreiben.

Reiki, die universale Lebensenergie, ist eine uralte Heilkunst, die Ende des 19. Jahrhunderts von Dr. Mikao Usui in Japan wiederentdeckt wurde. Reiki wird von Reikimeistern in verschiedenen Einstimmungen auf den Schüler übertragen, wodurch dessen Heilungskanäle wieder geöffnet werden. Es gibt drei Reikigrade:

Der erste Grad lehrt über vier Einstimmungen, mit den Händen zu heilen und über verschiedene Positionen der Hände Menschen, Tieren, Pflanzen und Steinen Reiki zufließen zu lassen.

Der zweite Grad lehrt fortgeschrittene Methoden in Verbindung mit Energiesymbolen, wie Fernheilung und Geistheilung.

Der dritte Grad ist der Meistergrad. Mit ihm kann man die Heilungs- und Energiekanäle bei anderen Menschen öffnen und sie in Reiki einweihen.

Bei der **Edelsteinbehandlung** mit Reiki wählt man die Steine intuitiv aus und legt sie entsprechend der Farbzuordnung auf die einzelnen Energiezentren. Die Reikihandpositionen verweisen auf die entsprechenden Körperstellen. Die Symbole des zweiten Grades kann man mit einer Kristallspitze zeichnen.

Die Wirkung wird intensiviert, die Behandlung wirkt ausgleichender, und die Behandlungsdauer kann auf 20 bis 40 Minuten reduziert werden.

Bei der Selbstbehandlung werden die Steine in gleicher Weise auf die Chakras gelegt. Durch Handauflegen gibt man sich selbst Reiki. Besonders gut ist die Selbstbehandlung beim Aufwachen geeignet. Dabei möglichst aktivierende (rote, orange, gelbe) Steine verwenden und die Positionen beim ersten Energiezentrum beginnen und nach oben führen.

Zum Einschlafen beruhigende Steine (lila, blaue, grüne) verwenden und die Positionen vom Scheitelchakra nach unten führen.

Tiere und Pflanzen kann man ebenfalls mit Reiki und Steinen behandeln und beim zweiten Grad die Symbole mit einer Kristallspitze zeichnen.

Edelsteine und Schmuck kann man direkt mit Reiki behandeln oder mit den Symbolen aufladen, indem man sie mit einer Kristallspitze darüberzeichnet.

Zur Einweihungszeremonie können Steine und persönlich wichtige Schmuckstücke mitgenommen werden, sofern es der Reikimeister zuläßt. Dadurch erhalten sie Einweihungsenergie. Die mit Reiki behandelten Steine oder Schmuckstücke trägt man bei sich am Hals, in der Brust- oder Hosentasche oder legt sie unter das Kopfkissen.

Wer an Reiki interessiert ist, sollte übrigens achtsam »seinen« Meister suchen, indem er zum Beispiel die Namen der in Frage kommenden Meister aufschreibt, laut vorliest und denjenigen auswählt, bei dessen Namen er das beste Gefühl hat.

Herstellung und Anwendung von Edelsteinwasser

Zutaten

- ein Trinkglas oder ein Glasgefäß mit mindestens fünf Zentimeter Öffnung mit Quellwasser, destilliertem Wasser oder stillem Mineralwasser;
- der gewünschte Edelstein (je nach Wirkung);
- vier Bergkristallspitzen in etwa gleich großer Länge von vier bis acht Zentimeter;
- ein weißes Tuch als Untergrund.

Wählen Sie den Edelstein für das Wasser je nach Verwendungszweck und Wirkungsweise aus. Zur allgemeinen Energetisierung verwenden Sie am besten einen Bergkristall, zur Beruhigung einen Amethyst oder Rosenquarz. Ansonsten wählen Sie Ihren speziellen Edelstein nach der beabsichtigten Wirkung aus.

Zubereitung

Legen Sie den Edelsteine in das Glasgefäß mit dem Wasser. Stellen Sie das Gefäß auf dem weißen Tuch etwa eine Stunde, vorzugsweise zur Mittagszeit, ins Sonnenlicht. Sollte die Sonne nicht scheinen, verlängern Sie die Herstellungsdauer auf 24 Stunden.

Legen Sie die vier Bergkristallspitzen mit den Spitzen zum Glas in Kreuzform um das Glas. Die vier Kristalle stehen für die vier Himmelsrichtungen.

Reiben Sie Ihre Hände aneinander und halten Sie sie ungefähr drei bis fünf Minuten über das Glas. Stellen Sie sich dabei vor, wie weißes Licht durch Sie hindurch über Ihre Hände in das Wasser strömt. Wer in den zweiten Reikigrad eingeweiht ist, kann zusätzlich die Symbole anwenden. Dieses mit der Edelsteinschwingung angereicherte Wasser ist zum baldigen Verbrauch bestimmt. Lassen

Sie sich von Ihrer Intuition für die verschiedenen Einsatzmöglichkeiten leiten.

Anwendung:

Edelsteinwasser läßt sich für verschiedene Zwecke einsetzen: als Zugabe zu Pflegeprodukten wie Cremes und Lotionen, als Zusatz zum Badewasser, für Kompressen, für Pflanzen und Tiere, zum Trinken und Einnehmen. Bergkristallwasser können Sie außer zum Trinken auch zum Kochen und Backen verwenden.

Der Bergkristall mit seinen universellen Eigenschaften eignet sich besonders zur Herstellung von energetischem Wasser. Ob zur inneren oder äußeren Anwendung, man kann ihn für viele Zwecke benutzen. Der Bergkristall besteht aus Kieselsäure, die ihre Schwingungen und Eigenschaften auf das Wasser überträgt. Kieselsäure hat eine aufbauende, heilende Wirkung, die krankmachende und fremde Stoffe aus dem Körper schleust. Vielen Menschen, die an Kieselsäuremangel leiden, hilft das Bergkristallwasser.

Das Wasser von anderen Steinen nehmen Sie schluckweise ein, ein Glas verteilt über den Tag.

Die Verträglichkeit von Wein kann durch die Plazierung der vier Bergkristalle (für etwa eine Woche) um die Flasche verbessert werden.

Auch Blütenessenzen, seien es Bach-Blüten, kalifornische Blüten oder Orchideenessenzen, können gut mit Edelsteinessenzen oder Edelsteinwasser kombiniert werden. Die Kräfte aus Pflanzenwelt und Mineralreich vereinen sich so zu einer sanften, aber wirkungsvollen Therapie.

Bedeutung und Wirkung von Schmuck

Schon seit undenklichen Zeiten verwenden die Menschen Edelsteine als Schmuck. Viele Kulturen waren dabei mit bestimmten Edelsteinen besonders verbunden, wie etwa die Indianer und Perser mit dem Türkis und die Ägypter mit dem Malachit und dem Lapislazuli.

Früher wurden Edelsteine oft zu bestimmten Symbolen verarbeitet, um die Eigenschaften der Edelsteine mit der Wirkung der Symbole zu verbinden und damit einen kraftvollen Talisman zu erhalten. Dieser Schmuck wurde in einer besonderen Gesinnung geschaffen, die den Menschen mit einschloß, für den er gedacht war.

Manchmal wurden Steine zermahlen, um sie als kosmetisches Mittel zur Verschönerung des Gesichts aufzutragen, wie etwa zerriebener Malachit als Augenlidfarbe.

Auch Herrscher und religiöse Führer wußten sich mit Edelsteinen zu schmücken und ihre Kleidung und Umgebung damit zu verschönern. Kronen wurden schon immer mit kostbarsten Edelsteinen besetzt, die Kleidung wurde damit bestickt, und mancher Herrscherthron leuchtete in den verschiedensten Farben der eingelassenen Prunkstücke. Diese Pracht war nicht nur zur Verschönerung gedacht, sondern sie diente auch als Machtattribut und zur Verstärkung der Ausstrahlung. Schon in der Bibel sind die Brustplatten der Hohepriester erwähnt, die mit Edelsteinen in einer speziellen Formatierung besetzt waren, denen eine besondere Wirkung und Macht zugeschrieben wurde.

Wirkung, gezielte Anwendung und besondere Auswahl des Schmucks werden in unserer durch materielles Denken bestimmten Zeit kaum noch berücksichtigt. Dabei ist der Edelsteinschmuck eine einfache und schöne Methode, um sich die Heilwirkung der Steine zunutze zu machen.

Edelsteine in Ringen und Anhängern sollten möglichst so gefaßt sein, daß sie auf der Rückseite, zur Haut hin, offen sind. Dadurch wird ihre Wirkung verstärkt. Ketten sollten in der Länge so getragen werden, daß sie entweder im Kehl-, Herz- oder Solarplexuschakra wirken können. Antiker Schmuck ist immer zu reinigen, bevor man ihn trägt.

Suchen Sie Ihrem Schmuck intuitiv aus. Tragen Sie, was Sie am meisten anspricht. Mit der Zeit wird sich Ihr intuitives Gespür immer mehr verbessern, so daß Sie sehr schnell wissen, was Ihnen guttut und für Sie richtig ist.

Berücksichtigen Sie auch die Form des geschliffenen Steins, die ebenfalls ihre spezielle Wirkung hat.

Die Gesamtaussage eines Schmuckstücks wird bestimmt durch:

- das verwendete Metall
  - o den Reinheitsgrad des Metalls
  - o die Legierung (Zusammensetzung) des Metalls
- die verwendeten Edelsteine
  - o ihre Form
  - o ihren Schliff
  - o ihre Farben
  - o ihre sonstigen Eigenschaften und Wirkungen
- die Art des Schmucks
  - o Ring
  - o Armband oder -reif
  - o Kette oder Reif
  - o Brosche
  - o Ohrringe
  - o Diadem
- die verwendeten Formen und Symbole (wie geometrische Formen, astrologische Zeichen usw.)
- die Körperstelle, an der er getragen wird
- den Zeitpunkt, an dem er getragen wird.

Die Eigenschaften der verschiedenen Schmuckformen:

Ringe

sind Symbole für Einigkeit, Schutz und für Verbindungen wie die Ehe oder Familienzugehörigkeit (Wappen).

Ringe halten die persönlichen Kräfte im Körperbereich. Daher waren sie für magische Rituale nicht geeignet, sie behinderten die Freisetzung von Kräften.

Armbänder oder -reifen

symbolisieren Unendlichkeit und Einheit und binden die Kräfte des Armschmucks an die Hand.

Halsketten oder -reifen

wirken je nach ihrer Länge im Bereich des Kehl- und Herzchakras oder am Solarplexus. Ketten und Reifen umhüllen den Träger und binden die Energien des getragenen Metalls und der Edelsteine an ihn.

Broschen

wirken an der Stelle, wo sie getragen werden. Die Energie der Formen, Metalle und Steine überträgt sich auf die entsprechende Körperstelle und den Aurabereich.

Ohrringe

Das Ohr spiegelt den ganzen Körper des Menschen wider (Ohrakupunktur). Wenn das Ohr durchbohrt ist, hat das Einfluß auf die entsprechende Akupunkturstelle.

Gerade am Ohr sollte die Verträglichkeit der Metalle stets berücksichtigt werden und auch die Steine entsprechend ausgesucht werden.

Diademe

sind eine besonders dekorative, aber auch wirkungsvolle Art, das dritte Auge zu aktivieren. Der entsprechende Stein sollte dazu an dieser Stelle über der Nasenwurzel zwischen den Augenbrauen liegen. Ein Diadem ist ein majestätischer Schmuck, der die geistigen Kräfte und die Inspiration stärkt.

Es wäre zu wünschen, daß wieder mehr Goldschmiede dazu übergehen, den passenden Schmuck mit den entsprechenden Edelsteinen abgestimmt auf den jeweiligen Menschen mit seiner speziellen Ausstrahlung anzufertigen. Das wäre ein weiterer Schritt hin zum ganzheitlichen Denken, das noch in vielen Bereichen des Lebens fehlt.

Metalle und ihre Wirkung

Die Wirkung der Metalle wurde in den letzten Jahrhunderten ebenso vernachlässigt und vergessen wie die Kräfte der Edelsteine. Heute beschäftigt man sich wieder mit diesen Themen, sei es wegen Allergien, die bei der Verwendung mancher Metalle auftauchen, oder wegen Zahnfüllungen mit verschiedenen Metallen, die sich nicht miteinander vertragen und Störungen im ganzen Körper verursachen können.

Metalle kann man pur, in verschiedenen Legierungen (zum Beispiel Gelbgold, Weißgold), Metallkombinationen (zum Beispiel Gold mit Silber) und auch in Verbindung mit Edelsteinen verwenden. Da die Wirkung der Metalle Gold, Eisen, Kupfer, Platin und Silber im Zusammenhang mit den Karten beschrieben wird, werden hier nur einige zusätzliche Metalle bzw. Legierungen angeführt:

Aluminium

ist ein »modernes« Metall, das dem Element Luft und dem Planeten Merkur zugeordnet ist. Für Schmuck ist es nicht besonders gut geeignet. Es wird oft im täglichen Leben benutzt, obwohl man entdeckt hat, daß sich bei seiner Verwendung und bei Erhitzung Elemente lösen können, die nicht unbedenklich sind.

Aluminium fördert die Vorstellungskraft und die geistige Beweglichkeit, macht im Übermaß jedoch beeinflußbar und leichtfertig.

Blei

ist dem Element Erde und dem Planeten Saturn zugeordnet. Blei ist schwer, grau und giftig. Bleivergiftung beschleunigt die Alterung und verursacht Haar- und Zahnausfall. Es führt bei Übermaß zu Erstarrung und Tod. Tod ist immer auch Wandlung, Altes stirbt und macht Platz für das Neue.

Blei wirkt beruhigend, festigend und transzendierend.

Elektrum

ist eine Legierung von Gold, Silber und eventuell Platin. In der Natur kommt es sehr selten vor.

In Ägypten wurde es früher zu Schmuck verarbeitet und heute sieht man es manchmal bei Indianerschmuck aus Amerika. Elektrum vereint die Kräfte von Gold (Sonne, männlich) und Silber (Mond, weiblich) in harmonischer Weise. Es wirkt ausgleichend und regt die kreativen Kräfte an.

Messing

ist dem Element Feuer und der Sonne zugeordnet. Es wurde oft als Goldersatz und für Heilzwecke verwendet. Es wirkt schützend und löst Verkrampfungen. Manche Menschen reagieren allergisch auf Messing.

Titan

ist ein sehr festes, hartes und hitzebeständiges Metall. Es fördert die Widerstandskraft, schenkt Gelassenheit und wirkt schützend.

II
Edelsteintarot

Tarot ist eine uralte Form des Orakels. Die Symbolik der Tarotfiguren wird im Edelsteintarot durch die entsprechenden Edelsteine ausgedrückt.

Das Edelsteintarot kann man mit echten Steinen oder mit den Karten aus diesem Buch spielen. Dafür wurden 22 Steine für die 22 Symbole der großen Arkana ausgewählt. Sehr schön und edel ist das Tarot mit echten Steinen. Dafür ist in Klammern hinter jedem Stein des entsprechenden Tarotsymbols ein Ersatzstein angegeben. Diesen kann man verwenden, wenn der erstgenannte Stein zu teuer, zu empfindlich oder zu schwierig zu beschaffen ist. Man sucht die 22 Steine in möglichst gleicher Größe aus und reinigt sie entweder mit Wasser oder mit der visuellen Reinigungsmethode. Dann macht man sich mit jedem einzelnen Stein und seiner Bedeutung vertraut. Man sollte diese Steine nur für das Tarot verwenden, sie ab und zu reinigen und ins Licht des Mondes legen.

Arbeitet man mit den Edelsteinkarten, sucht man sich die entsprechend bedruckten 22 Karten aus dem Kartenset aus und verwendet sie wie Tarotkarten.

Die Bedeutung der Steine entnimmt man folgender Kurzbeschreibung sowie der ausführlichen Beschreibung der Steine in diesem Buch oder der »Botschaft der Edelsteine«.

Bei der Beschreibung der Tarotsteine sind zunächst die positiven Deutungsmöglichkeiten und nach dem Strichpunkt die umgekehrten, negativen Bedeutungen angegeben.

Kurzbeschreibung der 22 Steine der großen Arkana

0 Der Narr – Alexandrit (Olivin)
Heiterkeit, Spontaneität, Erlebnisbereitschaft;
Ego, Wechselhaftigkeit, Chaos, Naivität.

I Der Magier – Indigolith (Bergkristall)
Kraft, Kontrolle, Klugheit, Kreativität, Gleichgewicht, Selbsterkenntnis, Vertrauen, Ideen, Macht, Tatendrang, Meisterschaft;
Unschlüssigkeit, Verzögerung.

II Die Hohepriesterin – Kyanit (Aventurin)
Geduld, Liebe, Güte, Barmherzigkeit, Intuition, Weisheit, Lehren, verborgene Gefühle;
Einbildung, Fehleinschätzung.

III Die Herrscherin – Gem Silica (Türkis)
Weiblichkeit, Kreativität, Fülle, Wachstum, Fruchtbarkeit, Erfolg, Geborgenheit, Liebe, Ehe;
Interesselosigkeit, Zerstreutheit, Untreue.

IV Der Herrscher – Silex (roter Jaspis)
Männlichkeit, Kraft, Vater, Beherrschung des Denkens, Verantwortung, Ordnung, Klarheit;
Schwäche, Zaudern, Unreife.

V Der Hohepriester – Herkimer-Diamant (Diamant)
Offenbarung, Autorität, Rat, Ehre, Vertrauen, Erkenntnis;
Intoleranz, Unfähigkeit, Verletzbarkeit.

VI Die Liebenden – Zoisit mit Rubin (Rubin)
Liebe, Sexualität, Freundschaft, Polarität, Bindungswille, Verantwortungsbereitschaft, Loslassen;
Trennung, Frustration, Unzuverlässigkeit.

VII Der Wagen – Sugilit, blau (violett)
Selbstkontrolle, Harmonie, Erfolg, Ausgleich von Gegensätzen;
Mißerfolg, Versäumnis.

VIII Die Gerechtigkeit – Turmalinquarz (Granat)
Gerechtigkeit, Stabilität, Urteil, Willenskraft, Ausgleich, Harmonie, Rücksicht;
Vorurteil, Fremdautorität, Ungerechtigkeit.

IX Der Eremit – Dumortierit (Lapislazuli)
Weisheit, Selbsterkenntnis, Inspiration, Annehmen der Gegebenheiten, Pflichterfüllung, Vorsicht;
Dummheit, Unreife, Fehler.

X Das Rad des Schicksals – Moldavit (Rauchquarz)
Umwandlung, Veränderung, Schicksal, Neuanfang, Herausforderung, Glück;
Resignation, Pech, Karma.

XI Die Kraft – Tigereisen (Onyx)
Kraft, Mut, Stärke, Selbstkontrolle, Vertrauen, Widerstandskraft;
Schwäche, Angst, Gewalt.

XII Der Gehängte – Larimar (Aquamarin)
Erlösung, Frieden, Reife, Innenschau, Initiation, Neubesinnung;
Selbstaufgabe, Prüfung, Langeweile.

XIII Der Tod – Purpurit (Amethyst)
Umwandlung, Beginn, Ende, Loslassen, Erlösung, Abschied;
Verlust, Stillstand, Mißlingen.

XIV Mäßigkeit – Rubellit (Rosenquarz)
Vertrauen, Gleichgewicht, Ausgewogenheit, Geduld, Harmonie, Erfüllung;
Feindseligkeit, Unverständnis.

XV Der Teufel – Falkenauge (Schneeflockenobsidian)
Kontrolle durch andere, Verletzung, Schattenseiten, Materialismus, Abhängigkeit;
Befreiung, spirituelle Erkenntnis.

XVI Der Turm – Calcit (Karneol)
Zerstörung des Erstarrten, Befreiung, Aktivität, Erkenntnis, Belebung;
Verhärtung, Trennung, Unfall.

XVII Der Stern – Amazonit (Smaragd)
Hoffnung, Weisheit, Fülle, Inspiration, kosmische Energien, Reisen, Zukunft, Entwicklungsmöglichkeiten;
Eigensinn, Enttäuschung, Pech.

XVIII Der Mond – Labradorit (Mondstein)
Träume, Wechsel, Gefühl, Nacht, Schlaf, Beruhigung, Phantasie;
Chaos, Angst, Enttäuschung.

XIX Die Sonne – Sonnenstein (Rutilquarz)
Lebensfreude, Tag, Sommer, Vitalität, Leben, Wärme, Harmonie, Reinheit, Heiligkeit;
Protz, Gewalt, Egoismus.

XX Das Gericht – Ametrin (Jade)
Erneuerung, Entwicklung, Wachstum, Leben, Lernen, Wiederbelebung, Erreichen eines Ziels, Befreiung;
Verurteilung, Vorurteil, Verzögerung.

XXI Die Welt – Wassermelonenturmalin (Kunzit)
Erfolg, Bewegung, Lebensmeisterung, Selbstentwicklung, Entscheidungskraft, Überblick, Erkenntnis;
Stillstand, Mißlingen.

Methoden der Steintarotbefragung

– **Mit einem Stein:** Man konzentriert sich auf eine Frage und zieht aus dem Beutel mit den Steinen bzw. von den verdeckt liegenden Steinkarten einen Stein und sieht ihn an. Man ruft sich die Bedeutung des Steins ins Bewußtsein und bringt ihn in Bezug zur Frage. Hat man noch nicht die entsprechende Klarheit erreicht, so kann man zur besseren Deutung noch einen zweiten Stein ziehen.
– **Mit drei Steinen:** Man geht genauso vor wie oben, zieht aber drei Steine. Der erste vertritt die Vergangenheit, der zweite die Gegenwart und der dritte die Zukunft der gestellten Frage. Aus dem Gesamtbild der drei Steine ergibt sich die Antwort.
– Zur Traumdeutung mit mehreren Steinen:
Man stimmt sich auf den Traum ein und zieht für jede Traumfigur oder Traumsituation einen Stein (Karte), den man dann deutet.

Die Edelsteinkarten: 33 Edelsteine und Metalle

Wir leben in einer besonderen Zeit, die durch ihre Herausforderungen ein Umdenken erfordert. Bisher gültige Denkmuster und materielle Vorstellungen helfen nicht mehr weiter. Wir müssen lernen, wieder unserer inneren Stimme zu vertrauen, und uns auf neue Pfade führen lassen. Das Wassermannzeitalter fordert Teilen, Brüderlichkeit und gelebte Spiritualität (auch bedingungslose Liebe genannt).

Die Einführung in die Welt der Edelsteine fördert die Intuition, und man lernt nicht nur die Steine, sondern auch sich selbst besser kennen.

Die hier vorgestellten Edelsteine sind ein ganz besonderes, wundervolles Geschenk der Natur, die uns unseren Weg erleuchten und verschönern können.

Nachfolgend werden 33 Edelsteine und Metalle beschrieben. Die 33 ist in der Numerologie (Lehre von den Zahlen) eine Meisterzahl, das heißt eine Zahl, die für gehobene Ansprüche steht und für die Bereitschaft, etwas zu meistern, wenn sie einem »zufällt«.

Es sind meist auch besondere Steine, die hier beschrieben werden, Steine, die nicht alltäglich sind und die man nicht »an jeder Ecke« bekommen kann. Denn Steine wie Gem Silica, Sugilit oder Larimar wird man vergeblich bei den meisten Juwelieren und Mineralienhandlungen suchen. Sie wurden aber wegen ihrer Wirkung und Schönheit, die über die Beschreibung hinausgeht und durch die Fotos annähernd eingefangen werden konnte, aufgenommen. Wenn man für sie bereit ist, wird man sie auch finden.

Die Anwendung der Karten

Die 33 Steine und Metalle, die in diesem Buch beschrieben werden, sind auf den beiliegenden Karten charakteristisch dargestellt. Sie können zur Auswahl Ihres persönlichen Steins oder Metalls, zur

Meditation, als Hilfe zur Problemlösung, zum Erkennen und Kennenlernen der Edelsteine dienen.

Zusätzlich zum Bild wird eine Nummer angegeben, unter der die Beschreibung im Buch zu finden ist. Der Name des Steins bzw. des Metalls wird noch ergänzt durch ein Stichwort und eine Affirmation, welche die Wirkung erleuchtet und verstärkt.

Die Affirmation (= Bejahung) ist eine Nachricht für unsere Seele, welche die Heilung und Ganzwerdung fördert.

Verwenden Sie die Affirmation möglichst oft, indem Sie sie lesen oder dreimal laut sprechen.

Die Karten wurden mit neutraler Rückseite gestaltet. Dadurch hat man die Möglichkeit, die Steine bzw. Metalle intuitiv, ohne die eingefahrenen Denkmuster des Verstandes, auszuwählen.

– Breiten Sie die gemischten Karten mit der Rückseite nach oben fächerförmig vor sich aus.

– Schließen Sie die Augen, setzen Sie sich bequem hin, atmen Sie tief und ruhig und entspannen Sie sich.

– Auswählen Ihres persönlichen Steins:
Bedenken Sie Ihre Situation und Ihre Umwelt. Bitten Sie um einen persönlichen Stein oder ein Metall, der bzw. das Sie in Ihrer Entwicklung unterstützt. Wenn Sie sich bereit fühlen, öffnen Sie die Augen und ziehen die Karte, von der Sie sich angezogen fühlen. Schauen Sie Ihre Karte und Ihren Edelstein an und setzen Sie sich mit seinen Eigenschaften auseinander; denken Sie darüber nach, wie Sie diese in Ihr Leben integrieren können. Als Unterstützung lesen Sie den Begleittext, den Sie unter der Kartennummer nachschlagen.

Zur Verstärkung der Aussage beachten Sie die Affirmation, und wiederholen Sie diese Seelenbotschaft möglichst oft während der nächsten Zeit. Dadurch wird die Wirkung des Steins oder Metalls verstärkt.

– Immer, wenn Sie diese Qualitäten brauchen, rufen Sie sich den Edelstein oder das Metall ins Gedächtnis, oder schaffen Sie sich den Stein an und tragen Sie ihn bei sich. Wählen Sie auch dabei nach Ihrem Gefühl aus.

– Wenn Sie einen Stein für ein bestimmtes Problem oder eine Aufgabe suchen, gehen Sie genauso vor. Überdenken Sie vor dem Ziehen der Karte das Problem oder die Aufgabe. Für verschiedene Anliegen können Sie auch neue Karten auswählen. Die Symbolik und Schwingung, die sie darstellen, werden Ihnen bei der Lösung helfen.

– Sie können auch eine Karte für Ihre Familie, für eine Gruppe oder für Ihre Wohnung auswählen.

– Beachten Sie bei Ihrem Schmuck, welches Metall Sie momentan besonders anspricht, und verwenden Sie es.

Man kann die Steine oder Metalle auch auswählen,

– indem man die Bilder der Karten auf sich wirken läßt und dann diejenige aussucht, die einen am stärksten anspricht. Lesen Sie den Begleittext unter der entsprechenden Nummer nach und lassen Sie die Affirmation auf sich wirken;

– indem man das Metall oder den Stein direkt nach den Begleittexten aussucht. Lesen Sie die Texte und spüren Sie, welche Aussage besonders auf Ihre jetzige Situation zutrifft.

Sie sollten immer beachten, daß die benötigten Steine mit den Entwicklungsphasen Ihres Lebens wechseln. Selten wird ein Stein während des ganzen Lebens für Sie geeignet sein. Achten Sie daher darauf, welcher Stein Sie besonders anzieht.

Eigenschaften der Steine und Metalle

In der Beschreibung der einzelnen Steine und Metalle finden Sie

– die Nummer der Karte zum leichten Auffinden

– den Namen des Steins bzw. Metalls

– die Farben

– die Durchsichtigkeit; sie geht von durchsichtig (transparent) über durchscheinend bis undurchsichtig (opak)

– den Härtegrad (H). Die Härte des Steins nach der Skala von Friedrich Mohs (deutscher Mineraloge 1773–1839), die eine Unterteilung von 1–10 aufweist. Dabei ist die Ritzfähigkeit entscheidend. Das Mineral, das ein anderes ritzen kann, ist härter als jenes und weicher als eines, von dem es geritzt wird.

Zehn Mineralien sind dabei als Grundlage der Skala angelegt:

Härte 1: Talk, zwischen den Fingern zerreibbar.
Härte 2: Gips, mit dem Fingernagel leicht ritzbar
Härte 3: Kalkspat, mit einer Kupfermünze leicht ritzbar
Härte 4: Flußspat, mit dem Messer leicht ritzbar
Härte 5: Apatit, mit dem Messer ritzbar
Härte 6: Feldspat, mit dem Messer schwer ritzbar
Härte 7: Quarz, ritzt Fensterglas
Härte 8: Topas, ritzt Quarz leicht
Härte 9: Korund, mit Diamant leicht, mit Topas nicht ritzbar
Härte 10: Diamant, nicht ritzbar

Fensterglas liegt bei Härte 5–6. Die Stufen zwischen den einzelnen Gruppen sind verschieden. Der Unterschied vom Korund zum Diamant ist um ein Vielfaches größer als die Stufen 1–9 zusammen. Die Härte ist von der Elastizität zu unterscheiden. So ist zum Beispiel der härteste Stein, der Diamant, nicht sehr zäh, sondern eher spröde, und er ist bei entsprechendem Druck (zum Beispiel mit einem Hammer) zerbrechlich.

– die chemische Formel

– die Zusammensetzung, denn sie bestimmt die Eigenschaften eines Steins mit und ist ein wichtiges Unterscheidungsmerkmal. Die meisten Edelsteine bestehen zum größten Teil aus Siliziumdioxid bzw. Kieselsäure (SiO_2). Auch der Mensch besteht zu einem großen Teil aus diesen Materialien. Sicher ist das ein Grund für die Resonanzfähigkeit zwischen Mensch und Stein.

– das Kristallsystem; die Edelsteine lassen sich in sieben Kristallsysteme einteilen: kubisch (würfelig), tetragonal (vierseitig), hexagonal (sechsseitig), trigonal (dreiseitig), rhombisch (rautenförmig), monoklin (einfach geneigt), triklin (dreifach geneigt)

– die Hauptfundorte

– die astrologischen Zeichen

– E = die Haupteigenschaft des Steins, die auch auf der jeweiligen Karte angegeben ist

– physisch = Eigenschaften und Wirkungen für den körperlichen (physischen) Bereich und

– seelisch-geistig = für den seelisch-geistigen Bereich. Hier wird ausführlicher auf die Anwendungsmöglichkeit eingegangen. Diese Angaben dienen als Orientierungshilfen für spätere eigene Erfahrungen.

– Affirmation, ein Verstärkungssatz, der die Wirkung des Edelsteins bzw. Metalls unterstützt und die gewünschten Eigenschaften im Unterbewußtsein verankert. Er soll möglichst dreimal laut gelesen und häufiger wiederholt werden. Man kann auch mit der Affirmation meditieren.

1. Alexandrit

Farbe: hell- bis dunkelgrün (bei Tageslicht), rot bis rotviolett (bei Kunstlicht)

Transparenz: durchsichtig

Härte: 8,5

Chemische Formel: Al_2 [Be O_4]

Zusammensetzung: Beryllium-Aluminat

Kristallsystem: rhombisch

Hauptfundorte: Ceylon, Simbabwe, Birma, Brasilien, Madagaskar, USA

Tierkreiszeichen: Skorpion, Krebs, Zwillinge, Widder

Chakras: Basis, Milz, Herz, drittes Auge

Eigenschaft: Glück

Physisch: Diese äußerst seltene und daher teure Rarität des Chrysoberylls ist nach dem Zaren Alexander II. benannt, weil er 1830 zu dessen Geburtstag entdeckt wurde. Faszinierend ist der Farbwechsel (Changieren) des Alexandrits. Bei Tageslicht ist er grün und verändert seine Farbe bei künstlichem Licht zu rot bis rotviolett.

Besonders gesucht ist das Alexandritkatzenauge. Katzenauge (Chatoyieren) wird ein Lichteffekt genannt, der sich wie das schlitzartige Auge einer Katze über die Fläche des (meist als Cabochon) geschliffenen Steins bewegt.

Der Alexandrit fördert den Energiefluß vom Basis- zum Scheitelchakra über die Wirbelsäule. Er regt das Drüsen- und Nervensystem, die Geschlechtsorgane sowie die Blutbildung an. Da er sehr rar ist, wendet man diesen regenerierenden Stein am besten als Anhänger oder Ring an.

Seelisch-geistig: Sein ausgleichendes Grün schenkt Harmonie, Freude und Naturliebe, friedliche und liebevolle Empfindungen.

Durch seine Wandlungsfähigkeit regt er Kreativität und inneres Wachstum an. Da er sowohl Basis- als auch Herzchakra und drittes Auge anspricht, wirkt er ausgleichend auf Körper, Geist und Seele.

Er wird auch für Rückführungen und Astralreisen eingesetzt.

Affirmation: Voll Freude und Liebe nehme ich das Leben an.

2. Amazonit

Farbe: grün, bläulichgrün

Transparenz: undurchsichtig

Härte: 6–6,5

Chemische Formel: K $[AlSi_3O_8]$

Zusammensetzung: Kalium-Aluminium-Silicat

Kristallsystem: triklin

Hauptfundorte: USA, Brasilien, Indien, Madagaskar, Namibia, GUS

Tierkreiszeichen: Jungfrau

Chakras: Herz, drittes Auge, Scheitel

Eigenschaft: Öffnung

Physisch: Der Amazonit, auch Amazonenstein genannt, ist ein kupferhaltiger Feldspat. Das Kupfer gibt ihm auch seine grünblaue Farbe. In Ägypten galt er als heiliger Stein. Heute wird er meist in Cabochonform oder zu Kugeln geschliffen.

Als Anhänger oder Kette getragen, unterstützt er den Energiefluß in der Wirbelsäule, stärkt das Herz- und Kehlchakra und hilft dadurch, Gefühle besser auszudrücken. Seine beruhigende Schwingung gleicht das Nervensystem aus und bringt aufgewühlte Emotionen ins Lot.

Seelisch-geistig: Da der Amazonit das dritte Auge anregt, ist er ein Stein, der gerne für hellsichtige Praktiken und bei Wahrsagetechniken wie Tarot und Runen zur Unterstützung verwendet wird. Bei Depressionen und Gefühlsproblemen weckt er wieder die Freude und macht unsere Vielschichtigkeit bewußt. Er öffnet unser Herz, so daß die universelle Liebe wieder fließen kann.

Affirmation: Freude und Liebe öffnen mir neue Wege.

3. Ametrin

Farbe: violett und hell- bis goldbraun

Transparenz: durchsichtig

Härte: 7

Chemische Formel: SiO_2

Zusammensetzung: Siliciumdioxid

Kristallsystem: trigonal

Hauptfundorte: Brasilien, Uruguay, Madagaskar, Bolivien

Tierkreiszeichen: Waage, Jungfrau, Widder, Wassermann

Chakras: Solarplexus, Scheitel

Eigenschaft: Wachstum

Physisch: Ametrin besteht aus Amethyst und Zitrin und vereint die Eigenschaften beider Steine. Er wird in kompakter und kristalliner Form gefunden. Dieser zweifarbige Edelstein unterstützt das Nervensystem, die Sauerstoffverarbeitung des Körpers und die Regeneration nach Operationen und Organverpflanzungen.

Seelisch-geistig: In der Meditation wirkt der Ametrin beruhigend und ausgleichend. Er führt in tiefe Entspannung und öffnet den Zugang zu verstärkter geistiger Wahrnehmung. Gefühl und kreative Impulse werden angeregt und helfen, die geistigen Grenzen zu erweitern. Emotionelle Stauungen und festgefahrene Denkmuster werden sanft gelöst, und die Verbundenheit zu All-dem-was-Ist wird bewußter. Die Öffnung der Gefühle fördert das spirituelle Wachstum. Wir sind Seelen, die sich durch den Körper ausdrücken.

Affirmation: Ich bin Seele und lebe meine Gefühle.

4. Apatit

Farbe: farblos, rosa, gelb, grün, blau, violett

Transparenz: durchsichtig

Härte: 5

Chemische Formel: $Ca_5(F, Cl, OH)\ [PO_4]_3$

Zusammensetzung: Calcium-Phosphat mit Fluor und Chlor

Kristallsystem: hexagonal

Hauptfundorte: Brasilien, Ceylon, GUS, Indien, Madagaskar, Mexiko

Tierkreiszeichen: Zwillinge, Wassermann

Chakras: Hals, drittes Auge, Scheitel

Eigenschaft: Aufgeschlossenheit

Physisch: Apatit ist ein Calcium-Phosphat, das auch kleine Mengen von Chlor und Fluor enthält. Dieser Kristall kommt in vielen Farben vor. Nachfolgend wird vor allem der blaue bis blaugrüne Apatit beschrieben.

Dieser klare, blaue Edelstein kann zur Balancierung der Akupunktur- und Meridianpunkte, der Drüsen und Organe des Körpers eingesetzt werden. Zusammen mit anderen Steinen verstärkt er deren Wirkung. Bei Entzündungen kann er zur Beruhigung aufgelegt werden. Er sorgt generell für Energieausgleich.

Seelisch-geistig: Im Halschakra getragen oder am dritten Auge aufgelegt, regt der Apatit die Ausdruckskraft an. Er klärt den Geist, zentriert die Gedanken und hilft uns dadurch, unsere Vorstellungen und Ideen genauer auszudrücken.

Bei der Meditation vermittelt er intuitive Botschaften, bringt uns in Einklang mit dem höheren Selbst und schenkt uns Ruhe und Harmonie. Er wird auch bei Rückführungen in frühere Leben eingesetzt.

Affirmation: Liebevoll und frei drücke ich meine Gedanken aus.

5. Calcit

Farbe: farblos, weiß, rot, gelb, orange, braun, rosa, grün, blau, schwarz.

Transparenz: durchsichtig bis undurchsichtig

Härte: 3

Chemische Formel: $CaCO_3$

Zusammensetzung: Calciumcarbonat

Kristallsytem: trigonal

Hauptfundorte: Europa, Kanada, USA, Mexiko, GUS

Tierkreiszeichen: Krebs

Chakras: alle Chakras (je nach Farbe)

Eigenschaft: Klärung

Physisch: Calcit (lat. calx = Kalk) ist ein sehr weicher Stein, der selten geschliffen wird. Er ist empfindlich gegen Stoß, Hitze, Wasser und Sonneneinstrahlung. Er wird in einer Vielzahl von unterschiedlichen Formen und auch Farben gefunden. Seine Besonderheit ist die doppelte Lichtbrechung. Legt man auf ein beschriftetes Blatt eine klare Calcitrhombe, sieht man durch sie die Schrift doppelt.

Calcit unterstützt die Calciumaufnahme des Körpers, den Knochenaufbau und die Regeneration nach Brüchen. Er lindert die Krankheiten des Knochengerüstes (Rheuma, Arthritis).

Legt man den Calcit nach Farbe auf das zugeordnete Chakra, wird es aktiviert und gereinigt und das gesamte Energiefeld des Körpers verstärkt. Calcit löst überholte Strukturen und regt die entgiftenden Organe des Körpers an.

Seelisch-geistig:

Klarer Calcit: ist der Stein zum Lernen und Studieren. Er befreit von alten Einstellungen und Mustern und öffnet den Geist für neue Eindrücke. Meditation und spirituelle Entwicklung werden gefördert.

Oranger Calcit: stärkt den Gefühlsausdruck und gleicht Gefühl und Verstand aus.

Gelb-goldener Calcit oder Honigcalcit: wirkt aktivierend und klärend auf Körper und Geist. Umbruchphasen werden leichter überwunden.

Grüner Calcit: öffnet das Herz für universelle (bedingungslose) Liebe und fördert die geistigen Lösungsprozesse, wenn zum Beispiel Kindheitserinnerungen, vergangene Erlebnisse in ein festgefahrenes Denken geführt haben.

Rosa Calcit: Das sanfte Rosa beruhigt und vermittelt liebevolle Gedanken und Empfindungen. Der rosa Calcit hilft, die Liebe ins Alltagsleben einzubringen.

Blauer Calcit: beruhigt aufgewühlte Emotionen und Gedanken.

Affirmation: Liebe unterstützt mein geistiges Wachstum.

6. Charoit

Farbe: fliederfarben bis violett

Transparenz: undurchsichtig

Härte: 5,5–6

Chemische Formel: $K(Ca, Na)_2$ $(OH, F)/Si_4O_{10}$ H_2O

Zusammensetzung: komplexes, faseriges Aggregat

Kristallsystem: monoklin

Hauptfundorte: Ostsibirien

Tierkreiszeichen: Schütze, Skorpion, Wassermann

Chakras: drittes Auge, Scheitel

Eigenschaft: Erkenntnis

Physisch: Wie der Sugilit ist auch der Charoit sehr selten. Er wird nur in Ostsibirien gefunden. Er ist fliederfarben bis violett und hat oft weiße und schwarze Einschlüsse. Im Kopfbereich aufgelegt oder beim Schlafen unter dem Kopfkissen, nimmt er Kopfschmerzen, stärkt die Augen und verhilft zu tiefem, gesundem Schlaf.

Im körperlichen Bereich getragen oder aufgelegt, fördert er das Immunsystem, die Leber sowie die Bauchspeicheldrüse und gleicht den Blutdruck aus.

Seelisch-geistig: Der Charoit hilft uns, die geistige Entwicklung ins tägliche Leben zu integrieren und zu leben. Er lehrt zu verstehen, daß wir eine Seele sind, die im Körper lebt und nicht ein Körper, der eine Seele hat. Er erhellt die Schatten der Furcht, Angst und Schuld mit dem Licht der Erkenntnis. Das Lebensziel wird dadurch bewußter. Als Anhänger oder Kette getragen, öffnet er unser Herz für universelle, bedingungslose Liebe und hilft uns dadurch, unsere Mitmenschen so zu akzeptieren, wie sie sind.

Affirmation: Ich bin Licht und Liebe.

7. Coelestin

Farbe: farblos, weiß, blau, rötlich, grünlich, bräunlich; hauptsächlich weißlich-blau

Transparenz: durchsichtig bis durchscheinend

Härte: 3–3,5

Chemische Formel: $SrSO_4$

Zusammensetzung: Strontiumsulfat

Kristallsystem: rhombisch

Hauptfundorte: Portugal, Schweden, USA, Australien, Madagaskar

Tierkreiszeichen: Zwillinge, Steinbock

Chakras: Hals, drittes Auge

Eigenschaft: Entspannung

Physisch: Der Coelestin ist meist weißlich-blau bis hellblau und wird oft in Kristallgruppen oder Geoden gefunden. Da er sehr weich und zerbrechlich ist, sieht man ihn selten in geschliffener Form.

Durch seine Helligkeit und seine beruhigende Farbe bringt er Licht und Harmonie in schmerzende oder verspannte Körperzonen. Auf das dritte Auge gelegt, besänftigt er das gestreßte Gehirn, lindert Kopfschmerzen und erfrischt die Augen.

Auf das zweite Chakra gelegt, unterstützt er die Verdauung und entschlackt den Körper.

Seelisch-geistig: Durch seine sanfte Schwingung beruhigt er den Geist, fördert die Kreativität und die Verbindung zum höheren Selbst. Das spirituelle Wachstum wird dadurch angeregt.

Verwendet man den Coelestin zum Schlafen, kann man Träume leichter behalten. Im Halschakra beruhigt er die Rede und hilft, Empfindungen auszudrücken. Er ist ein guter Meditationsstein.

Affirmation: Ausgeglichen und entspannt folge ich meiner inneren Führung.

8. Dumortierit

Farbe: tiefblau, violettblau, rotbraun

Transparenz: undurchsichtig

Härte: 7

Chemische Formel: $Al_7 [O_3/BO_3/(SiO_4)_3]$

Zusammensetzung: Aluminium-Borat-Silicat

Kristallsystem: rhombisch

Hauptfundorte: Brasilien, Ceylon, Kanada, Madagaskar, Namibia, USA, Frankreich, Polen

Tierkreiszeichen: Löwe

Chakras: Hals, drittes Auge, Scheitel

Eigenschaft: Partnerschaft

Physisch: Der Dumortierit ist meist blau, manchmal violettblau und wächst in faserigen oder körnigen Aggregaten (Massen). Als Kristall wird er nur sehr selten gefunden.

Im Halsbereich stärkt er die Schilddrüse und lindert Entzündungen. Legt man ihn auf die Stirn, beruhigt er die Gedankenflut, gleicht Nervosität aus und hilft, neue Ideen zu entwickeln. Er hält uns dabei auf dem Boden der Tatsachen, so daß wir die gewonnenen Einsichten leichter in die Realität umsetzen und auch für sie einstehen können.

Seelisch-geistig: Die Intuition wird durch Dumortierit angeregt. Man erkennt leichter die Unstimmigkeiten im eigenen Leben und lernt sie abzubauen. Dieser dunkelblaue Stein stärkt die Nachsicht und Geduld, die wir für uns selbst und für unsere Mitmenschen brauchen. Deshalb ist er auch ein guter Stein für Partnerschaften.

Affirmation: Liebevoll akzeptiere ich meine Mitmenschen, so wie sie sind.

9. Falkenauge

Farbe: blaugrau bis blaugrün

Transparenz: undurchsichtig

Härte: 7

Chemische Formel: SiO_2

Zusammensetzung: Siliciumdioxid mit Einlagerung von Krokydolith

Kristallsystem: trigonal

Hauptfundorte: zusammen mit Tigerauge in Südafrika

Tierkreiszeichen: Steinbock, Wassermann

Chakras: Basis, drittes Auge

Eigenschaft: Aufmerksamkeit

Physisch: Falkenauge ist blaugrau bis blauschwarz und hat einen irisierenden Flächenschimmer auf der Oberfläche. Besondes als Cabochon geschliffen zeigt er schmale Lichtstreifen auf der Oberfläche, die an das Auge eines Falken erinnert.

Im körperlichen Bereich getragen oder im ersten Chakra aufgelegt, stärkt er den Knochenbau, die Wirbelsäule und die Atmungsorgane. Er macht Gefühle und sexuelle Empfindungen bewußter und stärkt die Erdverbundenheit. Im Kopfbereich fördert er die Sehkraft und die Entschlackung der Lymphen. Bei Augenbeschwerden und Kopfschmerzen sollte man ihn auf das dritte Auge legen. Er gleicht die beiden Hälften des Gehirns aus und vermittelt Harmonie und Toleranz.

Seelisch-geistig: Dieser schimmernde Stein läßt, wie durch das Auge eines Falken in luftiger Höhe, größere Zusammenhänge sehen. Er verhilft zu einer besseren »intuitiven« Sichtweise. Das kritische Bewußtsein wird gestärkt, was gerade in unserer Zeit des Umbruchs wichtig ist. Dadurch bringt er mehr Licht in die Materie.

Affirmation: Ich sehe mit den Augen der Liebe.

10. Gem Silica (Chrysokoll)

Farbe: türkisblau

Transparenz: transparent bis durchscheinend

Härte: 3–4

Chemische Formel: $CuSiO_3$-$2H_2O$

Zusammensetzung: wasserhaltiges Kupfersilicat

Kristallsystem: monoklin

Hauptfundorte: Chile, USA (Arizona, Nevada)

Tierkreiszeichen: Stier, Zwillinge, Jungfrau

Chakras: Herz, Hals

Eigenschaft: Erfüllung

Physisch: Die edelste Ausdrucksform des Chrysokolls zeigt sich in einer strahlenden, transparenten bis durchscheinenden Türkisfarbe. Sehr selten werden in Chrysokollminen Adern dieser Qualität gefunden. Wenn er aus einem Drusenchrysokoll geschliffen ist, sieht man manchmal noch kleine Kristalle auf seiner Oberfläche. In Europa ist er sehr schwer zu bekommen und hat daher auch keinen eigenen Namen außer Chrysokoll. Der Name Gem Silica wurde aus dem Amerikanischen übernommen.

Am Halschakra getragen oder aufgelegt, aktiviert er dieses Energiezentrum und hilft dadurch, Schmerzen und Verspannungen im Hals- und Schulterbereich zu lösen, regt die Lymphe an und stärkt die schöpferische Ausdruckskraft.

Am Herzchakra verwendet, bringt er die Gefühle ins Gleichgewicht und beruhigt das gestreßte Herz.

Seelisch-geistig: Gem Silica, diese königliche Ausdrucksform des Chrysokolls, vermittelt uns edle Gefühle wie Nächstenliebe, Verständnis, Harmonie und Freude. Dadurch wird unsere Lebensaufgabe bewußter.

Auf das dritte Auge gelegt, vermittelt er Botschaften und Visionen. So erfahren wir kosmische Verbundenheit.

Affirmation: Voll Freude erfülle ich meine täglichen Aufgaben.

11. Herkimer-Diamant

Farbe: farblos

Transparenz: durchsichtig

Härte: 7

Chemische Formel: SiO_2

Zusammensetzung: Siliciumdioxid

Kristallsystem: trigonal

Hauptfundorte: USA (Herkimer im Staat New York), Mexiko, Spanien

Tierkreiszeichen: Schütze, Steinbock

Chakras: alle Chakras

Eigenschaft: Offenbarung

Physisch: Herkimer-Diamanten sind doppelendige (manchmal mit mehreren Spitzen an einer Seite) Bergkristalle von einem Glanz und einer Form, die sie wie geschliffen und poliert erscheinen läßt.

Sie werden in Herkimer (Staat New York) abgebaut. In letzter Zeit hat man Herkimer-Kristalle auch in Spanien und Mexiko gefunden.

Herkimer können zum Ausgleich zwischen zwei Chakras gelegt oder in Legemustern wie Doppelspitzen verwendet werden.

Diese diamantähnlichen Kristalle lösen Verspannungen sowohl im Körper (zum Beispiel Muskeln) als auch im Geist (festgefahrene Denkmuster).

Längere Zeit getragen, unterstützen sie die Entgiftung des Körpers, gleichen die Energien aus und stärken auf diese Weise die Widerstandskraft.

Seelisch-geistig: Herkimer-Kristalle lassen sich gut programmieren. Mit dem entsprechenden Programm (zum Beispiel Affirmation, Farbe, Ton) gespeichert, wird seine Wirkung als Anhänger, Meditations- oder Taschenkristall noch verstärkt. Er sorgt für klare Träume, stärkt das Selbstwertgefühl und krönt Meditationen mit Erkenntnis.

Affirmation: Ich bin offen für neue Eindrücke und Menschen.

12. Indigolit (blauer Turmalin)

Farbe: blau in allen Tönungen

Transparenz: durchsichtig bis undurchsichtig

Härte: 7–7,5

Chemische Formel: $(Na,Li,Ca)\ (Fe^{II},Mg,Mn,Al)_3$
$Al_6[(OH)_4/(BO_3)_3/Si_6O_{19}]$

Zusammensetzung: Aluminium-Borat-Silicat

Kristallsystem: trigonal

Hauptfundorte: Ceylon, Madagaskar, Brasilien, Afghanistan, Australien, Afrika, GUS, USA

Tierkreiszeichen: Stier, Schütze, Waage

Chakras: Solarplexus, Hals, drittes Auge

Eigenschaft: Annehmen

Physisch: In der farbenreichen Turmalinfamilie vertritt der Indigolit die hell- bis dunkelblauen Varianten. Er wächst in länglichen, prismatischen Kristallstäben verschiedener Stärke.

Im Halsbereich unterstützt der blaue Turmalin die Lymphe, den Kehlkopf, die Thymusdrüse, die Schilddrüse und entspannt den Nacken. Er ist ein guter Stein für Sänger und Redner. Im Solarplexus aufgelegt, macht er unterdrückte Gefühle bewußt und hilft dabei, sie loszulassen und auszudrücken. Er stärkt das Immun- und das Nervensystem.

Im Kopfbereich angewandt, fördert er die Konzentration, löst überholte Gedankenmuster und -blockaden und verhilft zu erholsamem Schlaf.

Seelisch-geistig: Der blaue Turmalin sendet die Botschaft des Friedens. Er gleicht Gemüt und Geist aus und lehrt, mit unseren Lebensumständen in Harmonie zu kommen. Er fördert unsere Innenschau, so daß wir unser wahres Wesen und unsere Bestimmung leichter erkennen.

Affirmation: Ich nehme die Verantwortung für mein Leben an.

13. Kyanit

Farbe: blau bis farblos, blaugrün

Transparenz: durchsichtig, durchscheinend

Härte: längs 4,5 – quer 6 + 7

Chemische Formel: $Al_2O[SiO_4]$

Zusammensetzung: Aluminiumsilicat

Kristallsystem: triklin

Hauptfundorte: Birma, Brasilien, Kenia, USA, Österreich, Schweiz

Tierkreiszeichen: Widder, Stier, Waage

Chakras: Füße, Herz, Hals, drittes Auge, Scheitel

Eigenschaft: Leichtigkeit

Physisch: Da der Kyanit unterschiedliche Härten und Spaltbarkeiten aufweist, ist er sehr empfindlich und schwer schleifbar. Er wächst in langen, flachen Kristallen. Manchmal hat er rosa, gelbe oder grüne Streifen.

Der Kyanit aktiviert aufgelegt die Energiezentren des Körpers. Mit einem Kyanitstab kann man die Akupunkturstellen und Meridiane anregen. Im Herz- und Halschakra wirkt er beruhigend und ausgleichend bei Störungen. Am Scheitelchakra regt er brachliegende Fähigkeiten des Geistes an, bringt mehr Licht und Leichtigkeit ins Bewußtsein und vertreibt belastende, verwirrende, ängstliche Gedanken.

Seelisch-geistig: Der Kyanit ist ein wundervoller Meditationsbegleiter. Durch die Vermittlung neuer Gedankenmuster sendet er Licht und Heilung in den Körper. Ausgleich und Ruhe lösen Energieblockaden und erleichtern die spirituelle Entwicklung.

Affirmation: Ich atme Licht in meinen Körper.

14. Labradorit

Farbe: Dunkelgrau bis Grauschwarz, mit buntem Farbenspiel

Transparenz: durchscheinend – undurchsichtig

Härte: 6–6,5

Chemische Formel: Na $[AlSi_3O_8]$ Ca $[Al_2Si_2O_8]$

Zusammensetzung: Natrium-Calcium-Aluminium-Silicat

Kristallsystem: triklin

Hauptfundorte: Australien, Kanada, Madagaskar, Mexiko, GUS, USA

Tierkreiszeichen: Schütze, Skorpion, Löwe

Chakras: Hals, drittes Auge, Scheitel

Eigenschaft: Intuition

Physisch: Der Labradorit wurde 1770 in Labrador/Kanada entdeckt. Bewegt man diesen Stein aus der Feldspatgruppe im richtigen Winkel, flammen auf seiner Oberfläche blaue, grüne, rote und goldene Metallicfarben auf. Man nennt dies Labradorisieren.

Im körperlichen Bereich angewandt, fördert der Labradorit die Verdauung und den Stoffwechsel. Im Kopfbereich aktiviert er die Gehirnleistung. Er wurde auch bei Geistesstörungen eingesetzt. Anspannung und Streß wirkt er entgegen und gleicht die Gefühle aus.

Bei Augenbeschwerden legt man ihn auf das dritte Auge und jeweils einen kleineren Stein auf die geschlossenen Lider.

Seelisch-geistig: Das schillernde Farbenspiel des Labradorit lehrt, unsere eigenen vielseitigen Aspekte und Talente besser kennenzulernen und in liebevoller Weise einzusetzen. Dadurch wird unser persönliches Wachstum gefördert, und wir erkennen unsere Lebensaufgabe klarer. Längere Zeit getragen, stärkt, reinigt und schützt der Labradorit unseren Energiekörper. Er hilft intuitive Erkenntnisse in die Gedanken zu integrieren und dadurch die Anforderungen des täglichen Lebens besser zu meistern.

Affirmation: Meine innere Stimme weist mir den Weg.

15. Larimar

Farbe: blau mit weiß, manchmal mit rot oder grün

Transparenz: opak

Härte: 5–7

Chemische Formel: $HNaCa_2 (SiO_3)_3$

Zusammensetzung: Sodium-Calcium-Silicat

Kristallsystem: triklin

Hauptfundorte: Dominikanische Republik

Tierkreiszeichen: Löwe

Chakras: Herz, Hals, drittes Auge, Scheitel

Eigenschaft: Grenzenlosigkeit

Physisch: Larimar ist ein blauer Pektolit in Edelsteinqualität. Er wird nur auf den Dominikanischen Inseln gefunden und ist daher sehr selten.

Kupfereinschlüsse bewirken seine herrliche, meerblaue Farbe, Calcit gibt die weißen Einschlüsse, und die roten Stellen werden durch Hämatit verursacht.

Larimar ist zwar ein Stein des Kehlchakras; er hilft, neue Einsichten zu formulieren und auszudrücken, gleicht Störungen und Entzündungen aus; aber er bringt auch Gedanken und Gefühle in Einklang. In den Bereichen des Körpers, die durch Emotionen wie Angst, Wut und Zorn belastet sind (zum Beispiel Leber, Magen, Galle), wirkt er harmonisierend und beruhigend.

Seelisch-geistig: Larimar mit seinen Farben des weiten Meeres und des unendlichen Himmels macht unsere selbstgesteckten Grenzen bewußt. Er regt uns dazu an, sie zu überwinden und alte Denkgewohnheiten und überholte Moralvorstellungen loszulassen. Indem wir neue Wege beschreiten und auch unbequeme Einsichten akzeptieren, öffnen sich ungeahnte Möglichkeiten der Selbstverwirklichung.

Affirmation: Ich bin frei und entfalte meine schöpferische Kraft.

16. Lepidolit

Farbe: Rosa, Rosaviolett, Rötlich

Transparenz: durchscheinend – durchsichtig

Härte: 2–3

Chemische Formel: $KLi_2Al\ [F,OH)_2/Si_4O_{10}]$

Zusammensetzung: Lithiumsilicat

Kristallsystem: monoklin

Hauptfundorte: Italien, Schweden, UdSSR, USA, Madagaskar

Tierkreiszeichen: Waage, Zwillinge

Chakras: Herz, Hals, drittes Auge, Scheitel

Eigenschaft: Reife

Physisch: Lepidolit zeigt sich in blassem Rosa bis zum dunklen Violett. Er läßt sich schwer schleifen.

Manchmal tritt er auch in Verbindung mit rosa Turmalin (siehe Rubellit) auf – eine ideale Verbindung zweier Steine, welche die Farben für Scheitel- und Herzchakra vereinen. Sie eignen sich besonders zur Verbindung des Geistes mit dem Herzen, was zu einer liebevollen Denkweise führt.

Der Lepidolit kann vom Herz bis zum Scheitel auf alle Chakras gelegt werden. Er gleicht aus, beruhigt und baut so Streß ab, balanciert das Nervensystem und reguliert die Verdauung.

Dieser lithiumhaltige Stein wird auch bei Depressionen, Angstgefühlen und Geistesstörungen eingesetzt.

Er gleicht Gefühlsschwankungen aus und fördert den Schlaf.

Seelisch-geistig: Lepidolit sendet uns die Botschaft von Liebe und Spiritualität. Er macht uns bewußt, daß Liebe das geistige Wachstum fördert und daß man durch spirituelle Reifung lernt, die Liebe auch zu leben. Er ist ein Stein der Güte, der Selbstheilung und der Reife.

Affirmation: Ich öffne mein Herz und heiße alle Erfahrungen willkommen.

17. Moldavit

Farbe: flaschengrün bis braungrün

Transparenz: durchsichtig bis durchscheinend

Härte: 6,5–7

Chemische Formel: $SiO_2(+Al_2O_3)$

Zusammensetzung: Siliciumdioxid (+ Aluminiumoxid)

Kristallsystem: amorph

Hauptfundorte: CR

Tierkreiszeichen: alle

Chakras: Herz, Hals, drittes Auge, Scheitel

Eigenschaft: Transformation

Physisch: Vor ungefähr 15 Millionen Jahren raste aus den Fernen des Raums ein Meteorit auf die Erde zu und schlug im heutigen Gebiet der Moldau (Tschechei) ein. Die unvorstellbare Hitze verdampfte das vorhandene Gestein und verband es mit dem Meteoriten. Wieder abgekühlt und verfestigt, ergab es flaschengrüne Tektiten (griech. tektos = geschmolzen), Naturglas, das nach seinem Fundort Moldavit genannt wird. Er hat eine rauhe, narbige Oberfläche und wird meist in Stücken bis zu einer Größe von drei cm gefunden. Moldavit hat das Grün der Heilung. Er reinigt und balanciert die Chakras. Im Kopfbereich wird er bei Kopfschmerzen, aber auch bei Störungen des Geistes, bei Epilepsie und Autismus eingesetzt. Bei Verwendung dieses Steins ist es wichtig, sich ausreichend zu erden, indem man beispielsweise schwarze Steine wie Turmalin oder Obsidian an die Füße legt.

Seelisch-geistig: Der Moldavit ist vor allem ein spiritueller Stein, der unsere Schwingung, sofern wir offen und bereit dafür sind, auf eine höhere Stufe bringt. Die Erfahrung zeigt, daß Menschen, die nicht bereit sind, sich für diese höhere Schwingungsebene zu öffnen, zunächst Probleme haben, den Moldavit zu verwenden.

Er hilft den verlorenen Lebenssinn wieder zu erkennen und einschränkende Denkmuster loszulassen.

Meditiert man mit einem Moldavit auf dem dritten Auge (mit schwarzen Steinen erden!), ermöglicht das neue Einsichten, Informationen und außerkörperliche Erfahrungen.

Der Moldavit wird auch eingesetzt, um Kontakt mit außerirdischen Intelligenzen aufzunehmen.

Affirmation: Ich bin offen für neue Eindrücke und Erkenntnisse.

18. Purpurit

Farbe: purpur, tiefrosa, dunkelbraun

Transparenz: durchscheinend bis undurchsichtig

Härte: 4–4,5

Chemische Formel: (Mn,Fe) [PO_4]

Zusammensetzung: Mangan-Eisen-Phosphat

Kristallsystem: rhombisch

Hauptfundorte: Schweden, Frankreich, Portugal, Namibia, USA, Westaustralien

Tierkreiszeichen: Jungfrau

Chakras: drittes Auge, Scheitel

Eigenschaft: Ordnung

Physisch: Purpurit ist, wie der Name schon sagt, meist purpurfarben, manchmal dunkelrosa bis dunkelbraun. Bisweilen zeigt seine Oberfläche Pleochroismus, das heißt, er weist in verschiedenen Richtungen unterschiedliche Farben auf. Er ist zwar relativ selten, aber durchaus erschwinglich. Im körperlichen Bereich kann er zur besseren Wundheilung auf den Verband gelegt werden. Er regt die Blutbildung an, gleicht den Pulsschlag und das Herz aus und unterstützt die Blutreinigung.

Seelisch-geistig: Purpurit ist ein guter Meditationsstein (drittes Auge). Er verstärkt die Visualisierung neuer Pläne und gibt die Standfestigkeit, sie zu verwirklichen.

Am Scheitelchakra aufgelegt, stärkt er die spirituelle Entwicklung, vermittelt lichtvolle Gedanken, lockert zu materielle Vorstellungen und bringt so mehr Ordnung in den Geist.

Affirmation: Lichtvolle Gedanken ordnen mein Leben.

19. Rubellit (rosa Turmalin)

Farbe: rosa bis rot, gelegentlich mit einem Stich ins Violette

Transparenz: durchsichtig bis undurchsichtig

Härte: 7–7,5

Chemische Formel: $(Na,Li,Ca)\ (Fe^{11},Mg,Mn,Al)_3$ $Al_6[(OH)_4/(BO_3)_3/Si_6O_{18}]$

Zusammensetzung: Aluminium-Borat-Silicat

Kristallsystem: trigonal

Hauptfundorte: Ceylon, Madagaskar, Brasilien, Mosambik, Afghanistan, Angola, Australien, Birma, Indien, Nigeria, Sambia

Tierkreiszeichen: Schütze, Skorpion, Zwillinge

Chakras: Milz, Herz, Solarplexus

Eigenschaft: Durchbruch

Physisch: Der Rubellit wächst in länglichen, verschieden starken Stäben. Er wird in allen Tönungen zwischen rosa und rot gefunden. Bei Problemen in den Geschlechtsorganen, im Immunsystem, den entgiftenden Organen des Körpers wie Lymphe und Leber, bei Verdauungsproblemen und Energiemangel empfiehlt es sich, den roten Turmalin im Bereich des Milzchakras anzuwenden.

Bei Blockaden im Herzen, die sich körperlich bemerkbar machen, setzt man den rosa Turmalin im Herzchakra ein.

Seelisch-geistig: Der Rubellit ist ein Stein der Liebe. Sein leuchtendes Rosa sendet dem enttäuschten, verschlossenen Herzen einen Strahl der Liebe und Heilung. Die Tore der Freude öffnen sich, und es fällt wieder leichter, sich selbst zu akzeptieren. Abneigungen und Voreingenommenheit bauen sich ab. Dadurch fällt es leichter, das Herz zu öffnen und Liebe in den Alltag und zu den Mitmenschen fließen zu lassen.

Affirmation: Mein Herz ist voll Freude. Ich liebe das Leben.

20. Silex (roter Jaspis)

Farbe: braun und rot gefleckt

Transparenz: undurchsichtig

Härte: 6,5–7

Chemische Formel: SiO_2

Zusammensetzung: Siliciumdioxid

Kristallsystem: trigonal

Hauptfundorte: Indien, GUS, USA, Frankreich, Deutschland

Tierkreiszeichen: Löwe, Widder, Skorpion

Chakras: Basis

Eigenschaft: Durchsetzungskraft

Physisch: Der braunrote bis rote Jaspis, auch Silex genannt, erhält seine Farbe durch Spuren von oxidiertem Eisen. Er regt die Blutbildung und das Immunsystem an und wirkt generell aktivierend.

Bei Menstruationsbeschwerden sollte man ihn als Taschenstein verwenden. Im ersten und im zweiten Chakra aufgelegt, unterstützt er die Verdauung, die Leber und die Galle. Er kräftigt die Genitalien und erleichtert Schwangerschaft und Geburt.

Seelisch-geistig: Silex ist ein Stein, der Verbundenheit zur Erde symbolisiert. Die Realität festigt und beruhigt den flatterhaften Geist.

Das Rot dieser Jaspisart gleicht zu heftige Gefühle wie Zorn, Eifersucht und Haß aus und hilft so, Partnerschaften liebevoller zu gestalten.

Silex stärkt das Selbst und seinen kreativen Ausdruck.

Affirmation: Ich bin voll Kraft, Schönheit und Licht.

21. Sonnenstein

Farbe: orange, rotbraun glitzernd

Transparenz: durchsichtig bis undurchsichtig

Härte: 6–6,5

Chemische Formel: Na [$AlSi_3O_8$] Ca [$Al_2Si_2O_8$]

Zusammensetzung: Natrium-Calcium-Aluminium-Silicat

Kristallsystem: triklin

Hauptfundorte: USA, Indien, Kanada, Südnorwegen, GUS

Tierkreiszeichen: Stier, Waage, Löwe, Widder

Chakras: Basis, Milz, Solarplexus

Eigenschaft: Energie

Physisch: Sonnenstein, auch Aventurin-Feldspat genannt, ist ein oranger bis rotbrauner Stein aus der Familie der Feldspate. Sein metallisches Flittern wird durch eingeschlossene Hämatit-, Kupfer- oder Goethit-Teilchen, an denen sich das Licht bricht, verursacht. Neuere Funde in Oregon/USA haben auch transparente, von gelb bis tiefrot und grün leuchtende Steine gefördert. Selten sind auch zweifarbige Sonnensteine in orange-grün gefunden worden.

Ohne Sonne wäre kein Leben auf der Erde möglich. Die Botschaft des Sonnensteins ist daher Kraft, Licht und Vitalität. Er eignet sich zur Aktivierung und Reinigung aller Chakras. Bei Magenproblemen empfiehlt es sich, ihn auf das Milzchakra zu legen. Bei Sexualstörungen und Wirbelsäulenschmerzen kann er im Basischakra verwendet werden. Den Solarplexus sollte man bei emotionalen Blockaden wie Angst, Streß und Interesselosigkeit mit einem Legemuster aus Sonnensteinen aktivieren – zum Beispiel ein Dreieck aus drei Sonnensteinen, das mit der Spitze zum Kopf zeigt und in die Mitte des Dreiecks einen Aventurin.

Seelisch-geistig: Durch die Aktivierung der Lebensenergie unterstützt der Sonnenstein unsere Selbstentfaltung und läßt uns größere Zusammenhänge erkennen.

Der grün-orange zweifarbige Sonnenstein gleicht Solarplexus- und Herzchakra aus, löst Emotionen, bringt Licht und Liebe ins Herz und die Gefühle.

Affirmation: Meine innere Sonne strahlt. Ich bin Licht.

22. Spinell

Farbe: rot, rosa, violett, gelb, orange, blau, dunkelgrün, schwarz

Transparenz: durchsichtig

Härte: 8

Chemische Formel: Mg $[Al_2O_4]$

Zusammensetzung: Magnesiumaluminat

Kristallsystem: kubisch

Hauptfundorte: Birma, Ceylon, Anatolien, Afghanistan, Brasilien, Thailand, USA

Tierkreiszeichen: Schütze, Widder, Skorpion, Löwe, Zwillinge

Chakras: alle Chakras, je nach Farbe

Eigenschaft: Zielstrebigkeit

Physisch: Die verschiedenen Farben des Spinells entstehen durch Einlagerungen von Eisen, Chrom und Zink (blau). Besonders geschätzt ist der rote, sogenannte Rubin-Spinell, der dem Rubin sehr ähnlich sieht. Der blaßrote Spinell wird auch Balas-Rubin genannt. Früher wurden rote Spinelle für Rubine gehalten, denn sie werden zusammen mit Rubinen und Saphiren gefunden. Erst vor ca. 200 Jahren entdeckte man, daß Spinelle eine eigene Mineralsorte bilden. Eine große Rarität sind Stern-Spinelle.

Spinell kann zur Vitalisierung und Kräftigung getragen werden. Er regt den Körper und das Blut zur Reinigung und Entgiftung an und wird auch bei Depressionen und zur Nervenanregung eingesetzt.

Seelisch-geistig: Spinell stimuliert die Vorstellungskraft, die Kreativität und die Willenskraft. Man lernt sich selbst so anzunehmen, wie man ist, und wagt sich leichter an neue Aufgaben heran.

Zu einigen Farben:

Farbloser Spinell: Bei Öffnung der sieben Chakras aktiviert er das achte Chakra (Seelentor), die Verbindung zum Kosmos.

Roter Spinell (Rubinspinell): Er regt die Energie des Basischakras an und stärkt das Durchsetzungsvermögen.

Oranger Spinell: Bei Magen- und Sexualproblemen und seelischen Belastungen, die nicht geäußert wurden, sorgt er für Ausgleich und Lösung. Er stärkt die kreativen Qualitäten.

Gelber Spinell (Rubicell): Der gelbe Strahl regt das Denkvermögen an und erleichtert Gefühlsäußerungen.

Blauer Spinell: Er kann einen zu starken Sexualtrieb beruhigen und hilft die Intuition zu entwickeln. Er stärkt auch das Halschakra und die Ausdruckskraft.

Affirmation: Was ich als richtig erkenne, setze ich in die Tat um.

23. Sugilit, blau (Sugilit-Chalzedon)

Farbe: hell- bis dunkelblau (Sugilit ist normalerweise violett)

Transparenz: durchscheinend bis undurchsichtig

Härte: 5,5–6,5

Chemische Formel: unbekannt, Sugilit violett = $(K,Na)(Na,Fe^{3+},Mn^{3+})_2 (Li_2,Fe^{3+}) Si_{12}O_{30}$

Zusammensetzung: komplexes Silikat + Chalzedon

Kristallsystem: hexagonal

Hauptfundorte: Wessel Mine, Südafrika

Tierkreiszeichen: Jungfrau, Krebs, Schütze

Chakras: Hals, drittes Auge, Scheitel

Eigenschaft: Leichtigkeit

Physisch: Sugilit, in Amerika auch Lavulite oder Royal Azel genannt, ist als violetter Stein bekannt, wie er auch auf der Fotokarte zu sehen ist. Sein Name stammt von dem japanischen Petrologen (Gesteinsspezialist) Prof. Ken-ichi Sugi, der ihn 1944 in Japan entdeckt hat. Bekannter wurde dieser seltene Stein erst, nachdem in einer Manganmine in der Kalahariwüste in Südwestafrika ein größerer Fund gemacht wurde. Ist der violette Sugilit schon eine Rarität, so ist die blaue Variante noch seltener.

Chalzedon und Sugilit zusammen ergeben das sanfte Blau.

Dieser schöne Stein hat eine beruhigende, befreiende Schwingung. Manchmal hat sein Blau weiße Einschlüsse, die seine Oberfläche wie Wolken überziehen. Er gleicht das Halschakra und die Schilddrüse aus, erleichtert die Einstimmung auf die Meditation und aktiviert die Selbstheilungskräfte. Außerdem hilft er bei Gehirn- und Nervenstörungen.

Seelisch-geistig: Der blaue Sugilit schafft ein Gefühl von Leichtigkeit und Weite. Er öffnet den Geist für notwendige Transformationen und macht so aufgeschlossener für Wesensänderungen und neue Sichtweisen.

Im Halschakra getragen oder aufgelegt, erleichtert er die Formulierung der neuen Erkenntnisse und Visionen.

Affirmation: Licht und Frieden begleiten mein Wachstum.

24. Tansanit

Farbe: saphirblau, amethystviolett

Transparenz: durchsichtig

Härte: 6,5–7

Chemische Formel: Ca_2Al_3 $[O/OH/SiO_4/Si_2O_7]$

Zusammensetzung: Calcium-Aluminium-Silicat

Kristallsystem: rhombisch

Hauptfundorte: Tansania

Tierkreiszeichen: Steinbock, Waage, Zwillinge, Schütze

Chakras: Hals, drittes Auge, Scheitel

Eigenschaft: Ideenreichtum

Physisch: Tansanit ist ein blauer bis blauvioletter Zoisit. Sein Name wurde durch die Firma Tiffany bekannt gemacht. Seine einzige Fundstelle liegt in Tansania. Er wurde dort erst 1967 entdeckt.

Der Tansanit ist ein ausgleichender und beruhigender Edelstein. Er kann bei Hautreizungen und -entzündungen aufgelegt, getragen oder als Elixier eingenommen werden. Bei Bewußtlosigkeit und Konzentrationsmangel kann man ihn im Kopfbereich auflegen.

Seelisch-geistig: Der Tansanit unterstützt Meditationen und bewußte Tagträume als Gegengewicht zum hektischen Berufs- und Alltagsleben. Man findet wieder seine Mitte. Es gelingt besser, sich auf die Gegenwart einzustellen. Gedanken und Ideen lassen sich genauer formulieren und ausdrücken.

Der blau-violette Tansanit erleichtert den Kontakt zum höheren Selbst sowie zur geistigen Welt.

Affirmation: Ich konzentriere mich auf die Gegenwart und drücke meine Gedanken klar aus.

25. Tigereisen

Farbe: goldgelb, goldbraun, rot, schwarz glänzend

Transparenz: undurchsichtig

Härte: 6–7

Chemische Formel: $SiO_2 + Fe_2O_3$

Zusammensetzung: Siliciumdioxid + Eisen(III)-Oxid

Kristallsystem: trigonal

Hauptfundorte: Südafrika, Westaustralien, Birma, Indien, USA

Tierkreiszeichen: Löwe, Jungfrau

Chakras: Basis, Milz, Solarplexus

Eigenschaft: Kreativität

Physisch: Tigereisen ist ein Quarz-Brauneisen-Aggregat, das aus Hämatit, Tigerauge und Silex (roter Jaspis) besteht und die Eigenschaft dieser drei Mineralien vereint. Wie das verwandte Tigerauge zeigt es einen wogenden Lichtschimmer.

Die Farben Silberschwarz (Hämatit), Rot (Silex) und Goldgelb bis Braun (Tigerauge) sind bei den einzelnen Steinen unterschiedlich ausgeprägt.

Die kraftvolle Farbkombination dieses Steins fördert die Blutbildung und den Muskelaufbau. Verdauungs- und Ausscheidungsorgane werden angeregt.

Als Taschenstein verwendet, stärkt er die Lebensenergie, die Erdverbundenheit und die Kreativität.

Seelisch-geistig: Tigereisen gleicht Basis- und Solarplexuschakra aus. Lebenskraft und schöpferischer Ausdruck vereinen sich.

Dieser vielseitige Edelstein macht die Gefühle bewußter und gibt den Antrieb, sie auch zu offenbaren.

Affirmation: Mit Stärke und Ausdruckskraft verwirkliche ich meine Ideale.

26. Turmalinquarz

Farbe: farblos mit eingeschlossenen, schwarzen Turmalinnadeln

Transparenz: durchsichtig

Härte: 7

Chemische Formel: SiO_2 + Turmalin

Zusammensetzung: Siliciumdioxid + Turmalin

Kristallsystem: trigonal

Hauptfundorte: Brasilien, Madagaskar, Ural

Tierkreiszeichen: alle

Chakras: alle

Eigenschaft: Vereinigung

Physisch: Turmalinquarz ist ein Bergkristall, in den Nadeln von schwarzem, eisenhaltigem Turmalin (auch Schörl genannt) eingeschlossen sind. Der schwarze Turmalin ist ein stabförmiger Kristall, der erdet, vor negativen Schwingungen schützt und entgiftend wirkt.

Der Bergkristall mit seinem klaren Licht harmonisiert, regt die Energiezentren und die Intuition an.

Turmalinquarz kann bei Gleichgewichtsstörungen, zur Entgiftung und bei Verdauungsproblemen eingesetzt werden. Er schützt sowohl vor Störfeldern elektrischer Geräte als auch vor den emotionellen Schwingungen wie Aggression und Zorn, die uns von anderen Menschen entgegengebracht werden.

Seelisch-geistig: Turmalinquarz ist die Verbindung von Schwarz und Weiß, Erde und Himmel, Schatten und Licht. Er vereint in sich Gegensätzlichkeiten und lehrt uns, wie auch wir Beziehungen, Situationen und Gefühle ausgleichen können. Er zeigt uns einerseits die Realität und erweckt andererseits unsere geistige Erkenntnis und seelisches Wachstum.

Affirmation: Ich bin in meiner Mitte. Ich bin sicher.

27. Wassermelonen-Turmalin

Farbe: rosa mit grünem Rand

Transparenz: durchsichtig bis durchscheinend

Härte: 7–7,5

Chemische Formel: (Na,Li,Ca)
$(Fe^{11},Mg,Mn,Al)_3Al_6[(OH)_4(BO_3)_3/Si_6O_{18}]$

Zusammensetzung: Aluminium-Borat-Silicat

Kristallsystem: trigonal

Hauptfundorte: Brasilien

Tierkreiszeichen: Widder, Stier, Zwillinge, Jungfrau

Chakras: Milz, Solarplexus, Herz

Eigenschaft: Gleichgewicht

Physisch: Wie alle Turmaline kommt der Wassermelonen-Turmalin in langgestreckter Stabform vor. In einem Querschnitt oder einer Scheibe sieht man die volle Schönheit dieses besonderen Edelsteins. Er ist innen rosa bis rot und hat einen grünen Rand, sieht also aus wie eine aufgeschnittene Wassermelone. Rosa und Grün sind die Farben des Herzchakras.

In diesem Energiezentrum aufgelegt oder getragen, belebt dieser Turmalin das Herz, heilt emotionelle Verletzungen und Ängste und bringt gegensätzliche Empfindungen in Einklang.

Er regt den Stoffwechsel, die Verdauung, die Blutzirkulation, das Immunsystem und die Regeneration der Zellen an und wird daher auch zur Vorbeugung und Rekonvaleszenz bei Krebs eingesetzt.

Seelisch-geistig: Wassermelonenturmalin vereint das ausgleichende, heilende Grün mit dem liebevollen, zarten Rosa. Er harmonisiert die männlichen und weiblichen, die aktiven und intuitiven Kräfte in uns, klärt den Verstand und lehrt uns auch schwierige Situationen mit Humor zu meistern. Dieser zweifarbige Turmalin schenkt uns Offenheit und Ruhe und stärkt die Verbindung zu unserem höheren Selbst.

Affirmation: Ich lasse vergangene Begrenzungen los und genieße die Freiheit der Gegenwart.

28. Zoisit mit Rubin (Zoisit-Amphibolit)

Farbe: grün mit schwarzen Hornblende- und roten Rubineinschlüssen

Transparenz: durchsichtig bis undurchsichtig

Härte: 6,5–7

Chemische Formel: Ca_2Al_3 [$O/OH/SiO_4/Si_2O_7$]

Zusammensetzung: Calcium-Aluminium-Silicat

Kristallsystem: rhombisch

Hauptfundorte: Tansania

Tierkreiszeichen: Zwillinge, Widder

Chakras: Basis, Herz

Eigenschaft: Lebenskraft

Physisch: Zoisit mit Rubin wurde erstmals 1954 in Tansania entdeckt. Im Zoisit sind meist drei Farben zu sehen, Grün, Rot und Schwarz.

Schwarz verbindet uns mit der Erde, zeigt uns die Tatsachen und verleiht Stabilität. Rot stabilisiert, belebt und stärkt die Durchsetzungskraft. Grün gleicht Körper, Geist und Seele aus, heilt und vermittelt Mitgefühl und Liebe.

Dementsprechend verleiht uns der Zoisit Standfestigkeit, Verantwortungsbereitschaft und Kraft. Er stärkt die Sexualorgane, die Fruchtbarkeit, die Bauchspeicheldrüse, die Lunge und das Herz. Die Vereinigung der beiden Farben Rot und Grün lehrt uns, die Sexualität mit der Herzensliebe zu verbinden, Beziehungen mit der Einheit von Körper, Geist und Gefühl zu leben.

Seelisch-geistig: Zoisit und Rubin aktivieren die Selbstentfaltung, klären den Geist und erweitern das Bewußtsein. Er regt die Kreativität an, unterstützt die Entwicklung verborgener Fähigkeiten und der Spiritualität.

Affirmation: Ich setze meine Kraft liebevoll ein.

29.Gold

Farbe: goldgelb, silbergelb, rötlichgelb

Transparenz: opak

Härte: 2,5–3

Chemische Formel: Au

Kristallsystem: kubisch

Hauptfundorte: Rumänien, Sibirien, Indien, Australien, Südafrika, Kanada, USA

Tierkreiszeichen: Löwe

Chakras: Basis, Solarplexus, Hals, Scheitel

Eigenschaft: Macht, Verantwortung

Physisch: Gefunden wird es in kleinen Körnchen (Nuggets), in massiver Form und auch in Verbindung mit Quarz.

Gold ist ein schweres Metall – 19mal so schwer wie Wasser. Es behält seinen Charakter, auch wenn es erhitzt oder bearbeitet wird. Man kann es so dünn auswalzen, zum Beispiel zu Blattgold zum Vergolden, daß es durchsichtig wird und über 10 000 Blätter davon aufeinandergelegt gerade einen Millimeter ergeben. Man kann es zu so dünnen Fäden ziehen, daß man sie mit dem Auge nicht mehr sieht, und trotzdem hält das Gold noch zusammen.

Gold wird in verschiedenen Legierungen zu Schmuck verarbeitet.

Reines Gold entspricht
24 Karat oder 1000 Teilen Gold von 1000

Gängige Legierungen sind
22 Karat oder 916 Teile Gold von 1000
20 Karat oder 833 Teile Gold von 1000
18 Karat oder 750 Teile Gold von 1000
14 Karat oder 585 Teile Gold von 1000
8 Karat oder 333 Teile Gold von 1000

Gold ist das Sonnenmetall, es symbolisiert Lebenskraft, Männlichkeit, Vollkommenheit und Stärke. Seine Einsatzmöglichkeiten als Schmuck, in der Edelsteintherapie, als Metallelixier und als homöopathische Verdünnung sind so vielseitig, daß hier zur besseren Übersichtlichkeit eine alphabetische Auflistung erfolgt:

Alpträume
Anämie
Arteriosklerose
Arthritis
Atmung
Augenstärkung
Autismus
Blutdruck, erhöht
Blutkrankheiten
Blutzirkulation
Depressionen
Diabetes
Durchblutungsstörungen
Epilepsie
Erkältung
Fieber
Gebärmutter
Gehirn
Gewebe
Gicht
Hautkrankheiten
Hautkrebs
Herz
Hitzewallungen
Impotenz
Kehlkopfentzündung
Kopfschmerzen
Lähmung
Leber
Lungenentzündung
Menstruation
Multiple Sklerose
Muskelgewebe
Nachtschweiß
Nervenschmerzen
Nervensystem (ausgleichend)
Niere
Parkinsonsche Krankheit
Rheuma
Skelettstruktur
Strahlungsschäden
Syphilis
Tuberkulose
Venenentzündungen
Verdauung
Wirbelsäule
Zellregeneration

Zusammen mit Edelsteinen angewandt, verstärkt das Gold die Wirkung der Steine.

Seelisch-geistig: Gold ist Symbol von Weisheit, Erfolg, Macht, Stärke, Reichtum, Mut, Wärme und Lebenskraft.
Herrscher und Priester trugen es als Zeichen ihrer Macht und Verantwortung.

Gold, das »unter allen Umständen« seine Eigenschaften behält, stärkt den Charakter, unterstützt die Selbstverwirklichung und die spirituelle Entwicklung. Heilungs- und Selbstheilungskräfte werden angeregt, und die Einheit Körper-Geist-Seele wird ausgeglichen. Man setzt es zur Aktivierung, zur Reinigung und zum Ausgleich der Energiezentrum des Körpers ein.

Affirmation: Meine innere Sonne erleuchtet und stärkt mich.

30. Eisen

Farbe: stahlgrau bis eisenschwarz

Transparenz: opak

Härte: 4–5

Chemische Formel: Fe

Kristallsystem: kubisch

Hauptfundorte: Terrestrisches Eisen: Deutschland (Hessen), Irland, Frankreich, USA; Meteoreisen: USA, Mexiko, Namibia, Sibirien

Tierkreiszeichen: Widder, Jungfrau, Löwe

Chakras: Basis, Milz

Eigenschaft: Mut, Schutz

Physisch: In purer Form ist irdisches Eisen sehr selten. Manchmal wird es in Form von Meteoriten gefunden, die auf die Erde gefallen sind. Eisen ist das Symbol des Mars; ein männliches, kraftvolles, feuriges Prinzip. Im Körper ist es ein wichtiger Bestandteil des Blutes (Hämoglobin) und verleiht diesem die rote Farbe. Eisen wird bei Blut-, Leber-, Magen-, Gallen- und Nierenproblemen eingesetzt. Es stärkt die Muskel- und Blutbildung sowie das Wachstum der Haare und Nägel.

Seelisch-geistig: In der Magie wurde Eisen nicht so gerne eingesetzt. Priester und Druiden vermieden Eisen bei ihren Altären und

Ritualen. Kräuter wurden mit Gold- (männlich) oder Silberwerkzeugen (weiblich) geschnitten.
Dieses Metall treibt zu Aktivität, belebt, stärkt und erdet. Es steht für Mut (Waffen aus Eisen), Schutz (Eisenrüstungen, Autos) und Tatendrang (Werkzeuge). Eisen wird zur Belebung, Erdung und Heilung eingesetzt.

Affirmation: Ich setze meine Fähigkeiten ein und gestalte mein Leben.

31. Kupfer

Farbe: kupferrot, oft mit dunkelbraunen Anlauffarben

Transparenz: opak

Härte: 2,5–3

Chemische Formel: Cu

Kristallsystem: kubisch

Hauptfundorte: Sambia, Schweden, USA, Ural/GUS, Mexiko

Tierkreiszeichen: Stier, Schütze

Chakras: Basis, Milz, Hals, Hände

Eigenschaft: Geborgenheit, Liebe

Physisch: Kupfer wird oft mit Sandstein, Lava, Schwefel, Eisenmineralien und anderen Verbindungen gefunden. Reines Kupfer gibt es in der Natur nur vereinzelt und in kleinen Mengen. Kupferhaltige Steine sind Azurit, Malachit, Türkis und Chrysokoll.

Kupfer ist das Metall der Venus und damit der Schönheit und Liebe. Es wird oft bei Rheuma, Arthritis, Stoffwechsel- und Verdauungsstörungen eingesetzt. Man trägt es häufig als Armreif, und es wird auch in der Homöopathie bei Nervenkrankheiten, Erschöpfungszuständen, Krämpfen, Sexualstörungen und Multipler Sklerose verwendet.

Kupfer wirkt entgiftend und vitalisierend. Es beschleunigt die Wundheilung und stärkt die Wirkung anderer Mineralien. Man umwickelt Bergkristallspitzen mit Kupferdraht zur Verstärkung des Energieflusses bei Edelsteinbehandlungen und Kristallmassagen.

Seelisch-geistig: Das Venusmetall Kupfer stärkt liebevolle Eigenschaften wie Optimismus, Wohlwollen, Harmonie und Schönheitsempfinden. Es hilft uns dabei, uns selbst und andere anzunehmen und zu lieben.

Kupfer sendet die Botschaft von Liebe, Lebenskraft, Geborgenheit, Ruhe und Heilung.

Affirmation: Liebe und Geborgenheit stärken meine Lebenskraft.

32. Platin

Farbe: silbergrau

Transparenz: opak

Härte: 4–4,5

Chemische Formel: Pt

Kristallsystem: kubisch

Hauptfundorte: Ural, Mittelsibirien, Südafrika, Kanada, USA, Kolumbien, Peru, Neuseeland

Tierkreiszeichen: Löwe

Chakras: Basis, Solarplexus, Hals, Scheitel

Eigenschaft: Beständigkeit, Stabilität

Physisch: Platin ist härter, schwerer und wesentlich seltener als Gold oder Silber. Es oxydiert und verändert sein Aussehen nicht. Es wird in einer Reinheit von 95 % (Stempel Pt 950) zu Schmuck verarbeitet.

Die Chirurgie verwendet es für Knochenimplantate und Herzschrittmacher. In der Homöopathie wird Platin sehr vielseitig verwendet, bei Menstruationsbeschwerden, Krebs, Depressionen, Lähmungen, Kopfschmerzen, Schock und Ängsten.

Platin unterstützt die Stoffwechsel- und Verdauungsorgane. Es wird bei Wirbelsäulenproblemen, schwacher Thymusleistung, Bleivergiftung und Gedächtnisverlust eingesetzt. Bei labiler Verfassung stärkt Platin den Körper und die Gesundheit.

Seelisch-geistig: Platin regt sowohl den Geist als auch die Intuition an. Zum Ausgleich der Energiezentren legt man es auf Scheitel- und Basischakra. Es kann auch zur Beruhigung bei Erregungszuständen benutzt werden. Zuviel Platin kann jedoch zu Verhärtung, Empfindlichkeit und Einbildung führen.

Affirmation: Ich habe die Stärke, so zu sein, wie ich wirklich bin.

33. Silber

Farbe: silberweiß, gelblich, braun, dunkel angelaufen

Transparenz: opak

Härte: 2,5–3

Chemische Formel: Ag

Kristallsystem: kubisch

Hauptfundorte: Norwegen, Kanada, USA, Mexiko, Bolivien, Peru, Chile, GUS, Australien

Tierkreiszeichen: Krebs, Wassermann

Chakras: Basis, Milz, Herz, drittes Auge, Scheitel

Eigenschaft: Beweglichkeit, Vorstellungskraft

Physisch: Silber war eines der ersten Metalle, das von Menschen verwendet wurde. Es ist dem Mond zugeordnet und gilt als weiblich (Yin). Es wird in Form von Platten, Körnchen (Nuggets), Drähten und Kristallen gefunden. In der Schmuckverarbeitung wird seine Reinheit in Tausendstel angegeben, zum Beispiel 925 = $^{925}/_{1000}$ ist sogenanntes Sterlingsilber. Gebräuchlich sind auch $^{835}/_{1000}$ und $^{800}/_{1000}$. Silber läßt sich gut polieren und ist ein ausgezeichneter Wärme- und Elektrizitätsleiter.

In der Fotografie wird es zum Festhalten von Lichteindrücken benutzt.

Die Medizin verwendet Silber für Knochen- und Gelenkeinpflanzungen sowie für Zahnfüllungen und Akupunkturnadeln, denn es ist keimtötend.

Wie beim Gold sind die Einsatzmöglichkeiten in der Edelsteintherapie, als Schmuck, als Metallelixier und als homöopathische Verdünnung so vielseitig, daß zur besseren Übersicht eine alphabetische Auflistung erfolgt:

Augen
Ausdruckskraft
Autismus
Diabetes
Durchblutung
Durchfall
Epilepsie
Epiphyse
Fortpflanzungsorgane
Gehirn
Gleichgewichtsstörungen
Gürtelrose
Harnleiter
Haut
Heiserkeit
Hepatitis
Hypophyse
Hysterie
Kehle
Kopfschmerzen
Kreislauf
Legasthenie
Mondsucht
Nase
Nerven
Nervosität
Neuralgien
Nieren
Ohren
Regeneration
Schleimhäute
Schizophrenie
Sehstörungen
Stoffwechsel
Strahlenschäden
Vagina
Verbrennungen
Verdauung
Wirbelsäule
Zellentgiftung

Zusammen mit Edelsteinen verwendet, verstärkt Silber die Wirkung der Steine.

Seelisch-geistig: Silber ist weich, beweglich und formbar. Es ist ein Metall, das Schutz, Phantasie, intellektuelle Suche, Liebe, Träume, Gemeinschaftssinn, Formbarkeit, Romantik und Sensibilität versinnbildlicht.

Es ist daher meist gut für Kinder geeignet.

Als Mondmetall wird es besonders bei Vollmond zum Aktivieren der Steine verwendet, die ebenfalls dem Mond zugeordnet werden.

Silber verstärkt die sensiblen, intuitiven, gefühlsbetonten, weiblichen Eigenschaften. Bei Mondsucht und zur Bewußtmachung von Träumen kann man es zusammen mit Mondstein als Anhänger verwenden.

Es wird sowohl zur Entwicklung der intuitiven Fähigkeiten als auch für Astralreisen eingesetzt.

Affirmation: Ich nehme meine Gefühle an und verwirkliche meine Träume.

Das Edelsteinmandala

Diese Karte zeigt ein Mandala (Meditations- oder Symbolbild), das aus Steinen und Metallen gelegt wurde, die in diesem Buch beschrieben sind.

Hier gilt, daß das Ganze mehr ist als die Summe der Einzelteile. Das Mandala vereint die Schönheit der einzelnen Komponenten zu einem kraftvollen Gesamtbild, das durch Farbverlauf und -zusammenstellung, Legemuster und Formen eine ganz eigene Aussagekraft erhält.

Entsprechend kann man seine Steine zu Hause zu einem Gesamtbild komponieren. Dadurch wirken sie intensiver und erfreuen das Auge. Außerdem werden durch das Legen von Steinbildern Intuition und Kreativität gefördert.

Mandalas kann man auch als Meditationsobjekte verwenden. Man entspannt sich und läßt das Bild mit seinen Farben, Formen und Mustern auf sich wirken.

III
Chakratabelle

Nr.	Chakra	Wirkung	Farbe
8	Seelentor (oberhalb des Scheitelcha- kras)	öffnet Verbindung zum höheren Selbst	weiß gold
7	Scheitelchakra (Kopfoberseite)	Harmonie der Gedanken spirituelle Entwicklung	violett
6	drittes Auge (über der Nasenwurzel zwischen den Augenbrauen)	Stärkung der Intuition und Konzentration	indigo
5	Kehlchakra (Halsmitte)	Verbesserung der Ausdrucks- kraft und Mitgefühl	hellblau
4	Herzchakra (Brustmitte)	steigert Selbst- und Nächstenliebe Heilung	grün rosa
3	Solarplexuschakra (zwischen Brustbein und Nabel)	stärkt Gefühlsausdruck und Willenskraft	gelb
2	Milzchakra (oberhalb der Schamhaar- grenze)	aktiviert Kreativität und Lebenskraft	orange
1	Basischakra (zwischen Anus und Genitalien)	erdet und aktiviert	rot
Hände	Nebenchakras Hände (Handflächen)	Klärung der Gedanken fördert Tatkraft	weiß
Füße	Nebenchakras Füße (Mitte der Fußsohlen)	stärkt Durchsetzungsvermö- gen und Standfestigkeit	schwarz

Chakratabelle: Zuordnung der Edelsteine nach Farben und Kristallsystemen

Steine nach Farbe	**Kristallstruktur**	**Steine nach Kristallstruktur**
Spinell (farblos) Diamant Calcit Selenit Larimar	amorph	Moldavit Opal
Amethyst Fluorit Sugilit	triklin (dreifach geneigt)	Amazonit Aventurin Kyanit Labradorit
Saphir Sodalith Lapislazuli	monoklin (einfach geneigt)	Azurit Charoit Malachit Jadeit
Aquamarin Türkis Chalzedon Mondstein	rhombisch (rautenförmig)	Alexandrit Chrysoberyll Peridot Purpurit
Smaragd/Olivin Malachit/Rhodonit Aventurin Rosenquarz Rhodochrosit	trigonal (dreiseitig)	Achat Amethyst Bergkristall Calcit
Bernstein Zitrin Goldtopas Tigerauge Pyrit	hexagonal (sechsseitig)	Aquamarin Beryll Smaragd
Feueropal Karneol Sonnenstein	tetragonal (vierseitig)	Rutil Zirkon Apophyllit
Achat Rubin Granat Hämatit	kubisch (würfelig)	Spinell Fluorit Granat Pyrit
Bergkristall weißer Calcit Turmalinquarz	triklin (dreifach geneigt)	Rhodonit Türkis Amazonit
schwarzer Turmalin Obsidian Onyx	triklin (dreifach geneigt)	Labradorit Kyanit Aventurin

Indikationen

Ängste – Amethyst, Chrysokoll, Kunzit, Lapislazuli, Opal, Rauchquarz, Rosenquarz, Rubin, Smaragd, Sonnenstein, Zitrin

Allergien – blauer Achat, Aquamarin, Aventurin, Chrysokoll, Markasit, Rauchquarz, Zirkon

Alpträume – Amethyst, Bergkristall, Bowenit, Chalzedon, Edeltopas (blau), Gold, Granat, Hämatit, Jade, Jett, Karneol, Padparadscha, Rubin, Rutilquarz, Türkis

Alzheimersche Krankheit – Fluorit

Anämie – Aquamarin, Gold, Granat, Hämatit, Heliotrop, Koralle, Magnetit, Rubin, Saphir, Turmalin, Zitrin

Arterienverkalkung – Fluorit, Kunzit

Arthritis – Apatit, Aquamarin, Azurit, Bergkristall, Calcit, Dioptas, Gold, Goldtopas, Granat, Kupfer, Lapislazuli, Malachit, Magnetit, dunkler Opal, Rubin

Arthrose – Aquamarin, Bernstein, Calcit, Granat, Hämatit, Saphir, Tigerauge

Asthma – Amethyst, Aquamarin, Aventurin, Bernstein, Chalzedon, Chrysoberyll, Falkenauge, Goldtopas, Karneol, Katzenauge, Malachit, Perle, Rosenquarz, Smaragd, Tigerauge

Atemwege – Aquamarin, Falkenauge, Gold, Türkis

Auge (tränend) – Achat, Aquamarin, Lapislazuli, Onyx

Augeninfektion – Falkenauge, Lapislazuli, Malachit, Smaragd, Türkis

Augenleiden – Achat, Amethyst, Aquamarin, Bergkristall, Bernstein, Charoit, Coelestin, Dioptas, Falkenauge, Gold, Perle, Rhodochrosit, Rubin, Saphir, Silber, Smaragd, Türkis

Ausschläge – Aquamarin, Aventurin, Lapislazuli, Rauchquarz, Schörl

Auszehrung – Jaspis, Mondstein, Rubin

Autismus – Gold, Moldavit, Silber

Bauchschmerzen – Chrysoberyll, grüner Granat, weiße Koralle, Rubinwasser, Smaragd

Bauchspeicheldrüse (Pankreas) – Achat, Amethyst, Charaoit, Heliotrop, Hyazinth, Jade, Jaspis, Malachit, Onyx, Zitrin, Zoisit mit Rubin

Beruhigung – Amethyst, Peridot, grüner Turmalin

Blase – Heliotrop, Jade, Jaspis, Koralle, Nephrit, Zitrin

Blasensteine – Diamant, Heliotrop, Jaspis

Blutarmut – Alexandrit, Eisen, Granat, Hämatit, rote Koralle, Rubin, Silex (roter Jaspis), Tigereisen

Blutdruck (normalisierend) – Charoit, Perle, Rubin, Smaragd, grüner Turmalin

Blutdruck (senkend) – Chrysopras, Gold, Jade, Jadeit, Karneol, Lapislazuli, Perle, Saphir, Smaragd

Blutkrankheit – Amethyst, Diamant, Eisen, Gold, Lapislazuli, Rhodochrosit, Rubin

Blutreinigung – Amethyst, Granat, Hämatit, Jade, rote Koralle, Magnetit, Purpurit, Rhodochrosit, Rubin, Spinell, Turmalin

Blutsturz – Achat, Chrysopras, Granat, Perle

Blutungen – Bergkristall, Chalzedon, Chrysopras, Hämatit, Heliotrop, Perle, Rubin, Saphir

Blutvergiftung – Bergkristall, Karneol, Magnetit, Rhodochrosit, Sugilit

Böser Blick – Bernstein, Falkenauge, Jett, Karneol, Katzenauge, Tigerauge, Türkis

Brandwunden – Amethyst, Bergkristall, Indigolith

Bronchitis – Aquamarin, Azurit, Bernstein, Chrysopras, Jett, Malachit, Perle, Pyrit, Rutilquarz, Türkis

Bruch – Magnetit

Cholera – Malachit

Cholesterinspiegel (senkend) – Karneol, Rubin, Zitrin

Darmentzündung – gelber Jaspis, Peridot, Rutilquarz

Darmkrämpfe – Karneol, Katzenauge, Rutilquarz

Delirium – Chrysolith, Saphir indigo, Schneeflockenobsidian

Depressionen – Amazonit, Aquamarin, Aventurin, Chalzedon, Dolomit, Gold, Goldtopas, Granat, Jade, rosa Koralle, Lapislazuli, Lepidolit, schwarzer Opal, Rhodochrosit, Spinell, Zitrin

Diabetes – Amethyst, Diamant, Gold, Heliotrop, Magnetit, Malachit, Moosachat, Rhodochrosit, Rhodonit, Rosenquarz, Silber, Smaragd, Sodalith, Zitrin

Diarrhöe (Durchfall) – Bergkristall, Beryll, Heliotrop, Magnetit, Malachit, Schörl, Silber, Smaragd

Drüsen (geschwollene) – Aquamarin, Diamant, Mondstein, Topas

Drüsen – Alexandrit, Aquamarin, Bernstein, Chrysopras, Diamant, Mondstein, Sodalith

Durchblutungsstörungen – Gold, Heliotrop, Karneol, rote Koralle, Kunzit, Silber, grüner Turmalin

Eiterungen – Hämatit, Malachit, Onyx, Schörl

Entbindung (leichte) – Achat, Chrysopras, Heliotrop, Hyazinth, Jade, Silex (roter Jaspis), Smaragd

Entgiftung – Heliotrop, Herkimer-Diamant, Kunzit, Peridot, Spinell, Zitrin

Entzündungen – Apatit, Blutstein, Dumortierit, Lapislazuli, Larimar, Perle, Rubin, Saphir, Smaragd, grüner Turmalin

Epilepsie – Achat, Amethyst, Diamant, Fluorit, Gold, Jaspis, Jett, Kupfer, Lapislazuli, Meteorit, Moldavit, Silber, Smaragd, grüner Turmalin

Epiphyse – Silber

Erkältung – Aquamarin, Gold, Jett, Perle, Rutilquarz, Smaragd, Tigerauge, Türkis, grüner Turmalin

Farbenblindheit – Amethyst

Fehlgeburt (vorbeugend) – Achat, Chrysokoll, Rubin

Fieber – Achat, Bernstein, Chalzedon, Chrysokoll, Chrysopras, Diamant, Gold, Jaspis, Karneol, Koralle, Kunzit, Kupfer, Lapislazuli, Rubin, Saphir, Silber, Smaragd

Galle – Bernstein, Eisen, Hiddenit, Jaspis, Koralle, Larimar, Silex (roter Jaspis), Smaragd, Sugilit

Gedächtnis – Fluorit, Moosachat, Platin, Smaragd, Tigerauge, Turmalin

Gehirnleistung – Gold, Labradorit, Silber

Gehör – Katzenauge, Lapislazuli, Onyx

Geistige Störungen – Fluorit, Labradorit, Lepidolit, Moldavit, Saphir indigo, Spinell, Zirkon

Geruchssinn – roter Jaspis, schwarzer Turmalin

Geschlechtstrieb (Stimulierung) – Granat, Padparadscha, Rubin

Geschlechtskrankheiten – Amethyst, Gold, Heliotrop, Rubellit, Zirkon

Geschlechtsorgane (Erkrankungen) – Alexandrit, Granat, Rubellit, Silex

Geschmackssinn (wecken) – Goldtopas, Turmalin

Geschwüre (allgemein) – Chrysokoll, Hämatit, Saphir, grüner Turmalin

Gicht – Calcit, Jaspis, helle Perle, Rubin, Saphir, Smaragd, Topas, Türkis

Gleichgewichtsstörungen – Silber, Turmalinquarz

Grippe – Gold, Jade, Jett, Karneol, Kupfer, Mondstein, Perle, Smaragd, Topas, grüner Turmalin

Gürtelrose – Chrysopras, Jadeit, Lapislazuli, Silber

Haar – Achat, Aventurin, Chrysokoll, Eisen, Kunzit, Lapislazuli, Malachit, Onyx, Opal

Haarausfall – Hämatit

Hämorrhoiden – Diamant, Heliotrop, Koralle, Magnetit, Malachit, Perle

Halsschmerzen – Aquamarin, Bernstein, Chalzedon, Hämatit, Türkis, Turmalin

Harnsperre – Bernstein, Carneol, Jade, Saphir, Silber

Hautkrankheiten – Achat, Aquamarin, Aventurin, Bergkristall, Gold, Rutilquarz, Silber, Tansanit

Hautreinigung – Amethyst, Aquamarin, Saphir, Zitrin

Herpes – Aventurin, Dolomit, Granat, Jadeit, Lapislazuli

Herz – Achat, Aventurin, Beryll, Chrysolit, Chrysopras, Gold, Granat, Malachit, Onyx, Rhodonit, Rosenquarz, Rubin, Saphir, Smaragd

Herzberuhigung – Gem Silica (Chrysokoll), Kunzit, Kyanit, Purpurit, Rhodochrosit

Herzklopfen – Topas (blau)

Herzkräftigung – Chrysopras, Dioptas, Goldtopas, grüner Granat, Kunzit, Rubellit, Smaragd, Türkis, Zoisit mit Rubin

Heuschnupfen – Jett, Perle, Topas, Zirkon

Hormonelles Gleichgewicht – Bernstein, Chrysopras, Heliotrop, Mondstein, Onyx, Peridot, Smaragd

Hormondrüsen – Bernstein, Mondstein, Zirkon

Hysterie – Amethyst, rosa Koralle, Lapislazuli, Perle, Silber, Sodalith

Immunsystem (stärkend) – Amazonit, Charoit, Granat, Herkimer-Diamant, Indigolit (blauer Turmalin), Kunzit, Rauchquarz, Rubellit, Rubin, Schörl, Silex (roter Jaspis), Sodalith, Spinell, Sugilit, Wassermelonen-Turmalin

Infektionen – Amethyst, Bernstein, Karneol, Kunzit, Malachit, Obsidian, Rauchquarz, Rubin, Sardonyx, Silber

Interesselosigkeit – Sonnenstein

Jähzorn – Amethyst, Chalzedon, Chrysokoll, Saphir

Kalziummangel – Perle

Kehle – Aquamarin, Beryll, Lapislazuli, Saphir, Silber, Türkis

Kehlkopf – Chalcedon, Gold, Indigolit, Lapislazuli, Pyrit

Keuchhusten – Aquamarin, Bernstein, Koralle, Topas, Türkis

Knochenaufbau – Calcit, Falkenauge, Gold

Knochenbrüche – Calcit, Magnetit

Knochengewebe (stärkend) – Calcit, Chrysokoll

Koliken – Jade, Koralle, Malachit, Rubin

Konzentrationsmangel – Azurit, Fluorit, Indigolit, Karneol, Onyx, Saphir, Tansanit, Tigerauge

Kopfschmerzen – Amethyst, Aventurin, Charoit, Coelestin, Falkenauge, Fluorit, Gold, Hämatit, Jett, Kunzit, Lapislazuli, Magnetit, Malachit, Moldavit, Mondstein, Platin, Silber, Smaragd, blauer Topas, grünklarer Turmalin

Krämpfe – Bergkristall, Diamant, Heliotrop, Kalkstein, Karneol, Kupfer, Magnetit, Rubin

Krämpfe (Waden) – Amethyst, Hämatit, Magnetit

Krebsvorbeugung – Wassermelonen-Turmalin

Kreislauf – Amethyst, Blutstein, Gold, Granat, Heliotrop, helle Perle, Rubin, Silber, Smaragd, grüner Turmalin

Kropf – Bernstein, Topas

Leber – Amethyst, Aquamarin, Bernstein, Beryll, Charoit, Eisen, Gold, Heliotrop, Hyazinth, Jaspis, Lapislazuli, Larimar, Opal, Peridot, Quarz, Rubellit, Rubin, Silex, Sugilit, Topas

Lethargie – Karneol, Koralle, Rubin, Turmalin

Lungen – Bernstein, Falkenauge, Rhodonit, Rutilquarz, Türkis, Zirkon, Zoisit mit Rubin

Lungenentzündung – Amethyst, Gold, Magnetit, Malachit, heller Opal, helle Perle, Rutilquarz, Saphir

Luftwege – Aquamarin, Bernstein, Labradorit, Pyrit, Rutilquarz, Türkis

Lymphreinigung – Gem Silica (Chrysokoll), Indigolit, Mondstein, Rubellit, Sugilit

Magen – Amethyst, Aquamarin, Azurit, Beryll, Hämatit, Heliotrop, Jaspis, Koralle, Lapislazuli, Larimar, Morganit, Olivin, heller Opal, Peridot, helle Perle, Rosenquarz, Saphir, Smaragd, Sonnenstein

Malaria – Bernstein, Schörl, Smaragd, Sugilit, Türkis

Mandelentzündung – Bernstein, Chrysokoll, Jett, Lapislazuli, Pyrit, Topas

Mangelernährung – rote Koralle

Melancholie – Aventurin, Chrysolith, Lapislazuli, Peridot, Rubin, Saphir indigo, Sardonyx, Turmalin

Menstruationsbeschwerden – Aquamarin, Bergkristall, Chrysokoll, Chrysopras, Gold, Jett, rote Koralle, Lapislazuli, Malachit, Mondstein, Opal, Rauchquarz, Rubin, Saphir, Silex, Staurolith

Migräne – Amethyst, Falkenauge, Fluorit, Jade, Jett

Milz – Azurit, Bernstein, Hämatit, Heliotrop, Hyazinth, Jaspis, Rauchquarz, Rhodonit, Rosenquarz, Turmalin

Mund – Beryll, Heliodor, Jaspis, Kunzit, gelber Saphir

Muttermilch (bildend) – weißer Achat, Bergkristall, Chalzedon, Mondstein, weißer Serpentin

Nacken-/Schulterschmerzen – Alexandrit, Aquamarin, Gem Silica, Hämatit, Indigolit, Kunzit, Magnetit, Rutilquarz

Nasenbluten – Bergkristall, Bernstein, Heliotrop, Rubin, Saphir

Nervenschmerzen – Aquamarin, Gold, Karneol, Lapislazuli, Magnetit, Silber, Sugilit

Nervensystem (ausgleichend) – Alexandrit, Amazonit, Ametrin, Aventurin, Chalzedon, Chrysokoll, Fluorit, Gold, Goldtopas, Indigolit, Lepidolit, Spinell, Sodalith, Turmalin

Nervosität – Aquamarin, Chalzedon, Dumortierit, Jadeit, Kyanit, Labradorit, Lapislazuli, Larimar, Lepidolit, Olivin, Rosenquarz, Saphir, Silber, Sonnenstein, Topas, Turmalin

Neuralgie – Amethyst, Aquamarin, Diamant, Jade, Koralle, Silber

Nieren – Amethyst, Bergkristall, Diamant, Eisen, Feueropal, Gold, Heliotrop, Hyazinth, Jade, Jaspis, Nephrit, Silber, Smaragd, Tigerauge, Zitrin

Ohr – Bernstein, Diamant, Flußspat, Onyx, Platin, Saphir, Silber, Turmalin

Parkinsonsche Krankheit – Fluorit, Gold, Indigolit, Kunzit, Malachit

Prostata – Achat, Hämatit, Magnesium, Rauchquarz, Schörl

Regeneration – Calcit, Silber, Smaragd, grüner Turmalin

Reinigung – Diamant, Herkimer-Diamant, Jade, Peridot, Perle, Zitrin

Rheumatismus – Azurit, Bernstein, Calcit, Chrysokoll, Gold, Granat, Jade, Karneol, Kupfer, Magnetit, Malachit, Sarder, Turmalin

Rückenschmerzen – Amethyst, Calcit, Hämatit, Magnetit, Saphir

Schilddrüse – Aquamarin, Bergkristall, Chalzedon, Chrysokoll, Dumortierit, Indigolit, Koralle, Lapislazuli, Rhodonit, Rutilquarz, Sugilit, Türkis

Schlaflosigkeit – Charoit, Indigolit, Jade, Lepidolit, Padparadscha, Rosenquarz, Rutilquarz, Saphir, Topas, Zitrin

Schlaganfall – Lapislazuli

Schmerzen – Amethyst, Bergkristall, Lapislazuli, Malachit, Rubin, Rutilquarz, Saphir, Sardonyx, Turmalin

Schwangerschaftsbeschwerden – Amethyst, Silber, Silex, Turmalin (Rubellit)

Schwellungen – Lapislazuli, Smaragd

Schwindelanfälle – Bergkristall, Bernstein, Diamant, Saphir, blauer Turmalin

Sehvermögen – Achat, Amethyst, Aquamarin, Aventurin, Beryll, Chrysolith, Falkenauge, Koralle, Magnetit, Malachit, Obsidian, Rosenquarz, Silber, Smaragd

Sexualstörungen – Bergkristall, Lapislazuli, dunkler Opal, Rubin, Sonnenstein, blauer Spinell

Sinnesorgane (Heilung u. Kräftigung) – Lapislazuli, Saphir indigo

Sonnengeflecht (ausgleichend) – Bernstein, Goldtopas, Pyrit-Sonne, Zitrin

Stiche (giftige) – dunkelroter Karneol, Schwefel, Smaragd

Stimmbänder – Aquamarin, Bernstein, Chalzedon, Chrysokoll, Indigolit, Jett

Strahlungsschäden – Gold, Silber

Thymusdrüse – Diamant, Indigolit, Platin

Tuberkulose – Gold

Trunksucht – Achat, Amethyst, Fluorit

Unfruchtbarkeit – Blutkoralle, Chrysopras, Granat, Jade, Mondstein, oranger Saphir, Verdit, Zoisit mit Rubin

Verdauung – Bernstein, Chrysokoll, Dolomit, Feueropal, Gold, Goldtopas, Jade, Karneol, Koralle, Kupfer, Labradorit, Lepidolit, Onyx, Peridot, Platin, Pyrit, Rubellit, Silber, Silex, Tigereisen, Turmalinquarz

Verbrennungen – Amethyst, Bergkristall, Calcit, Chrysokoll, Rosenquarz, Rutilquarz, Silber

Vergiftung – Achat, Diamant, Hyazinth, Karneol, Kupfer, Malachit, grüner Serpentin, Turmalinquarz

Verletzungen – Hämatit, Karneol, Smaragd

Verspannungen – Herkimer-Diamant, Magnetit

Verstopfung – Peridot, Rhodochrosit, Rubin, Tigereisen, Topas, Zitrin

Viruserkrankungen – Bernstein, Chrysoberyll, Falkenauge, Fluorit, Jade, Rhodochrosit, Rubin, Sodalith, Zirkon

Wassersucht – Amethyst, Bergkristall, Diamant, Jett, Lapislazuli, Mondstein

Wärmewirkung – Hämatit, Magnetit, Opal, Rubin, Topas

Wirbelsäule – Bernstein, Falkenauge, Gold, Goldtopas, oranger Granat, Jaspis, Labradorit, Magnetit, Platin, Silber, Sonnenstein, Zitrin

Wunde – Chalzedon, Granat, Heliotrop, Karneol, Malachit, Purpurit, Rubin

Zahnen (bei Babys) – Bernstein

Zahnschmerzen – Aquamarin, Bernstein, Jett, Malachit

Zellbildung – Gold, Hämatit, Jaspis, Magnetit, Rhodonit, Rubin

Zysten – Carneol, Heliotrop, Magnesium, Spinell

Heilwirkung der Steine und Metalle in Stichworten

Achat – tränende Augen, Augenleiden, Entbindung, Epilepsie, Fieber, Haar, Herz, Prostata, Sehvermögen, Trunksucht, Vergiftung

Alexandrit – Aktivierung, Bauchspeicheldrüse, Blutbildung, Drüsen, Gedankenklärung, Geschlechtsorgane, Leukämie, Lymphdrüsen, Milz, Nerven

Amazonit – Blockadenlösung, Beruhigung, Depressionen, herzstärkend, Immunsystem stärkend, Nerven

Amethyst – Ängste, Augenleiden, Bauchspeicheldrüse, Blutkrankheit, Blutreinigung, Brandwunden, Farbenblindheit, Geschlechtskrankheiten, Hysterie, Infektionen, Keuchhusten, Kopfschmerzen, Leber, Magen, Migräne, Neuralgie, Schlaflosigkeit, Schmerzen, Sehvermögen, Trunksucht, Wassersucht

Ametrin – Nerven, Regeneration

Apatit – entzündungshemmend

Aquamarin – Ängste, Asthma, Augenleiden, Drüsen, Halsschmerzen, Hautausschlag, Kehlkopf, Leber, Magen, Nackenschmerzen, Nervenschmerzen, Sehvermögen, Zahnschmerzen

Aventurin – Ekzeme, Haar, Hautausschlag, Herz, Nervensystem, Sehvermögen

Azurit – Arthritis, Konzentration, Milz, Rückgratverkrümmung

Bergkristall – Alpträume, Augenleiden, Blutungen, Diarrhöe, Hautausschlag, Infektionen, Krämpfe, Muttermilch bildend, Nieren, Schmerzen, Schilddrüse, Schwindelanfälle

Bernstein – Asthma, Augenleiden, Drüsen, Fieber, Galle, Gedächtnisverlust, Halsschmerzen, Harnsperre, Hormondrüsen, Kropf, Leber, Luftwege, Malaria, Mandelentzündung, Ohr, Sonnengeflecht, Verdauung, Zahnen

Calcit – Arthritis, Knochenaufbau, Regeneration, Rheuma

Chalzedon – Blutungen, Depressionen, Halsschmerzen, Jähzorn, Muttermilch bildend, Nervensystem, Nervosität, Schilddrüse, Stimmbänder

Charoit – Augen, Bauchspeicheldrüse, blutdruckausgleichend, Immunsystem, Kopfschmerzen, Leber, Schlafstörungen

Chrysoberyll – Asthma, Bauchschmerzen, Herz, Kehle, Leber, Magen, Mund, Sehvermögen

Chrysopras – Blutsturz, Blutungen, Entbindung, Geschlechtsorgane, Herz

Coelestin – Augen, Kopfschmerzen

Diamant – Ängste, Blase, Nieren, Thymusdrüse, Vergiftung

Dioptas – Herzbelebung, Streß

Dumortierit – entzündungshemmend, Nerven, Schilddrüse

Eisen – Blut, blutbildend, Galle, Haare, Leber, muskelbildend, Nägel, Nieren

Falkenauge – Atmungsorgane, Augenbeschwerden, Knochenaufbau, Kopfschmerzen, Wirbelsäule

Feueropal – Nieren, Verdauung

Fluorit – Alzheimersche Krankheit, Geistesstörungen, Knochenerkrankungen, Konzentration, Nervensystem, Parkinsonsche Krankheit, Zähne

Gem Silica (Chrysokoll) – Ängste, fiebersenkend, Herzberuhigung, lymphanregend, Menstruationsbeschwerden, Nerven, Verdauung, Verbrennungen, Verspannungen im Schulterbereich

Gold – Alpträume, Anämie, Arteriosklerose, Arthritis, Atmung, Augenstärkung, Autismus, Blutdruck (erhöht), Blutkrankheiten, Blutzirkulation, Depressionen, Diabetes, Durchblutungsstörungen, Epilepsie, Erkältung, Fieber, Gebärmutter, Gehirn, Gewebe, Hautkrankheiten, Hautkrebs, Herz, Hitzewallungen, Impotenz,

Kehlkopfentzündung, Kopfschmerzen, Lähmung, Leber, Lungenentzündung, Menstruationsbeschwerden, Multiple Sklerose, Muskelgewebe, Nachtschweiß, Nervenschmerzen, Nervensystem ausgleichend, Nieren, Parkinsonsche Krankheit, Rheuma, Skelettstruktur, Strahlungsschäden, Syphilis, Tuberkulose, Venenentzündungen, Verdauung, Wirbelsäule, Zellregeneration

Goldtopas – Depressionen, gleicht das Nervensystem aus, bei Schock nach Operationen

Granat – Anämie, Arthritis, Depressionen, Stimulierung des Geschlechtstriebs, Geschlechtsorgane, Herz, Kreislauf, Rheumatismus

Hämatit – Anämie, Blutungen, Geschwüre, Hautprobleme, Nieren, Wadenkrämpfe

Heliotrop – Blase, Blasensteine, Durchblutungsstörungen, Entbindung, Entgiftung, Geschlechtsorgane, Hämorrhoiden, Herz, Knochenmark, Leber, Magen, Milz, Nasenbluten, Nieren

Herkimer-Diamant – entgiftend, Immunsystem, verspannungslösend

Hyazinth (Zirkon) – Bauchspeicheldrüse, Entbindung, Leber, Milz, Schlaflosigkeit, Vergiftung

Indigolit (blauer Turmalin) – Immun- und Nervensystem, Kehlkopf, Konzentrationsschwäche, Lymphe, Schilddrüse, Schlafstörungen, Stimmbänder, Thymusdrüse, Verspannungen

Jade – Blase, Blutreinigung, Entbindung, Grippe, Migräne, Neuralgie, Rheumatismus, Schlaflosigkeit, Verdauung

Jaspis – Blase, Epilepsie, Galle, Geruchssinn, Leber, Magen, Nieren

Karneol – Alpträume, Blutvergiftung, Fieber, Infektionen, Krämpfe, Nervenschmerzen, Rheumatismus, Sexualprobleme, Verdauung, Verletzungen

Katzenauge – Asthma, Darmkrampf

Koralle, rosa – Depressionen

Koralle, rot – Anämie, Blase, Keuchhusten, Kolik, Lethargie, Mangelernährung, Menstruationsbeschwerden, Sehvermögen

Kunzit – Durchblutungsstörungen, Entgiftung, Verspannungen im Schulterbereich

Kupfer – Arthritis, Darm, entgiftend, Hypophyse, Rheuma, vitalisierend, Zirbeldrüse stärkend

Kyanit – Herz, Nerven

Labradorit – Augen, Gehirn, Nerven, Stoffwechsel, Verdauung

Lapislazuli – Ausschläge, Blutdruck senkend, Bronchien, Depressionen, Entzündung, Fieber senkend, Haare, Kehlkopf, Kopfschmerzen, Mandelentzündung, Menstruationsbeschwerden, Nervenschmerzen, Schmerzen, Schwellungen, Stiche, Wassersucht

Larimar – beruhigend, entzündungshemmend, Galle, Leber, Magen

Lepidolit – beruhigend, Depressionen, Geistesstörungen, Nerven, Schlafstörungen, Streß, Verdauung

Magnetit – Blutreinigung, Knochenbrüche, Lungenentzündung, Nervenschmerzen, Sehvermögen

Malachit – Asthma, Augeninfektion, Herz, Magengeschwüre, Menstruationsbeschwerden, Milz, Multiple Sklerose, Pankreas, Parkinsonsche Krankheit, Rheumatismus, Rückenschmerzen, Schmerzen, Sehvermögen, Unfruchtbarkeit, Vergiftung, Zahnschmerzen, Zellbildung

Moldavit – Autismus, Epilepsie, Geistesstörungen, Kopfschmerzen

Mondstein – Auszehrung, Drüsen, hormonelles Gleichgewicht, Lymphreinigung, weibliche Geschlechtsorgane

Nephrit – Nieren, Organreinigung

Olivin (Peridot) – Arthritis, Arthrose, Beruhigung, Darmentzündung, Herz, Magen, Melancholie, Nervosität, Reinigung, Sehvermögen, Verdauung, Verstopfung

Onyx – tränende Augen, Bauchspeicheldrüse, Eiterung, Gehör, Haar, Herz, Nerven, Nieren, Ohren

Padparadscha (oranger Korund) – Geisteskrankheiten, Schlafstörungen

Perle – Ausscheidung, Kalziummangel, Magen, Reinigung, unterer Rückenbereich

Platin – Bleivergiftung, Depressionen, Gedächtnisverlust, Stoffwechsel, Streß, Verdauungsorgane

Purpurit – Blutreinigung, Herz, Wundheilung

Pyrit – Bronchitis, Luftwege, Verdauungsbeschwerden

Rauchquarz – Depressionen, Schizophrenie, Sexualstörungen

Rhodochrosit – Augenleiden, Herzberuhigung, Nierenentgiftung

Rhodonit – Herz, Lunge, Ohr

Rosenquarz – harmonisierend, Herzberuhigung, Legasthenie

Rubellit – Geschlechtsorgane, Herzkräftigung, Immunsystem, Leber, Lymphe, Verdauungsstörungen

Rubin – Augenleiden, Blutdruck aktivierend, Fehlgeburt verhindernd, Fieber, Gicht, Herz, Krämpfe, Melancholie, Schmerzen, Viruserkrankungen

Rutilquarz – Alpträume, Bronchitis, Erkältung, Lunge, Luftwege, Schlaflosigkeit, Schmerzen, Schilddrüse

Saphir – Augen, Blutdruck senkend, Blutungen, Fieber senkend, Herz, Jähzorn, Kehle, Nervosität, Schlaflosigkeit, Schmerzen

Saphir, dunkelblau – Delirium, Geistesstörungen, Melancholie, Sinnesorgane

Sardonyx – Infektionen, Kehlkopf, Lungen, Nervensystem, Schilddrüse, Schmerzen

Schneeflockenobsidian – Sehvermögen

Silber – Augen, Ausdruckskraft, Autismus, Diabetes, Durchblutung, Durchfall, Epilepsie, Epiphyse, Gehirn, Geschlechtsorgane, Gleichgewichtsstörungen, Gürtelrose, Harnleiter, Haut, Heiserkeit, Hepatitis, Hypophyse, Hysterie, Kehle, Kopfschmerzen, Kreislauf, Legasthenie, Mondsucht, Nase, Nerven, Nervosität, Neuralgien, Nieren, Ohren, Regeneration, Schleimhäute, Schizophrenie, Sehstörungen, Stoffwechsel, Strahlenschäden, Verbrennungen, Verdauung, Wirbelsäule, Zellentgiftung

Silex (roter Jaspis) – aktivierend, Blutbildung, Entbindung, Galle, Genitalien, Immunsystem, Leber, Menstruationsbeschwerden, Schwangerschaft, Verdauung

Smaragd – Augeninfektion, Blutdruck normalisieren, Gedächtnis, Grippe, Kopfschmerzen, Magen, Sehvermögen, Standfestigkeit

Sodalith – Lymphe, nervenstärkend, Stoffwechsel

Sonnenstein – Angst, Interesselosigkeit, Magen, Sexualstörungen, Streß, Wirbelsäule

Spinell – blutreinigend, Depressionen, entgiftend, Nerven, vitalisierend

Sugilit – Galle, Leber, Lymphreinigung

Sugilit, blau (Sugilit-Chalzedon) – Gehirn, Nerven, Schilddrüse, Selbstheilungskräfte aktivierend

Tansanit – Bewußtlosigkeit, Haut, Konzentrationsmangel

Tigerauge – Asthma, blasen- und darmreinigend, Konzentration, Nebennierendrüsen

Tigereisen – Blutbildung, Leber, Muskelaufbau, Niere, Verdauungs- und Ausscheidungsorgane

Topas, gelb (Goldtopas) – Geschmackssinn, Herzkräftigung, Leber, Nervensystem, Nervosität, Schlaflosigkeit, Sonnengeflecht, Verdauung, Wirbelsäule

Topas, blau – Herzklopfen, nervöse Kopfschmerzen

Türkis – Atemwege, Augeninfektionen, Herzkräftigung, Kehle, Lunge

Turmalin, grün – Blutdruck normalisierend, Erkältung, Entzündung, Epilepsie, Grippe, Immunsystem, Kopfschmerzen, Krebsvorbeugung, Nervensystem, Nervosität, Thymusdrüse

Turmalin, schwarz – Nebennierendrüsen, Nervensystem, Nervosität, Schutz gegen negative Energien

Turmalinquarz – entgiftend, Gleichgewichtsstörungen, Verdauungsprobleme

Wassermelonen-Turmalin – Herz, Immunsystem, krebsvorbeugend, Zellerneuerung

Zirkon – Allergie, Lunge, Stoffwechsel

Zitrin – Ängste, Blase, Bauchspeicheldrüse, Diabetes, Depressionen, entgiftend, hautreinigend, Nieren, Schlaflosigkeit, Wirbelsäule

Zoisit mit Rubin (Zoisit-Amphibolit) – Bauchspeicheldrüse, Geschlechtsorgane, Herz, Lungen, Unfruchtbarkeit

Literaturverzeichnis

Baer, Randall N. + Vicki V., »The Crystal Connection«, New York 1987 (Harper & Row)
Bank, Dr. Hermann, »Von Edelsteinen und Perlen«, Innsbruck 1968 (Pinguin Verlag)
Bind-Klinger, Anita, »Heilung durch Harmonie«, Grafing 1992 (Aquamarin Verlag)
Bonewitz, Ra, »The Cosmic Crystal Spiral«, Longmead 1986 (Element Books Ltd.)
Bonewitz, Ra, »Der Kosmos der Kristalle«, München 1987 (Kösel-Verlag GmbH)
Bonewitz, Ra, »The Crystal Heart«, Wellingborough 1989 (Aquamarin Press)
Bowman, Catherine, »Crystal Awareness«, St. Paul/USA 1987 (Llewellyn Publications)
Braunger, G. + R., »Die Astrologie der edlen Steine«, München 1988 (G. + R. Braunger)
Brusius, Hedy, »Die Magie der Edelsteine«, Genf 1975 (Ariston Verlag)
Bullis, Douglas, »Crystals«, New York 1990 (Crescent Books)
Burka, Christa F., »Kristallenergien«, München 1987 (Verlag Peter Erd)
Burka, Christa F., »Pearls of Consciousness«, Dartmouth/USA 1987 (Brotherhood of Life, Inc.)
Chase, P. L., + Pawlik, J., »Healing with Gemstones«, North Hollywood 1989 (Newcastle Publishing Co., Inc.)
Chocron, Daya Sarai, »Heilendes Herz«, Grafing 1988 (Aquamarin Verlag)
Church, Connie, »Crystal Love«, New York 1988 (Villard Books)
Crow, William B., »Die Magie der Edelsteine«, Basel 1986 (Sphinx Verlag)
Cunningham, Scott, »Crystal, Gem & Metal Magic«, St. Paul 1989 (Llewellyn Publications)
Deaver, Korra, »Die Geheimnisse des Bergkristalls«, Haldenwang 1986 (Schangrila Verlag)
Dolfyn, »Crystal Wisdom«, Oakland 1989 (Earthspirit, Inc.)
Edgar Cayce Foundation, »Gems and Stones«, Virginia Beach 1988 (A.R.E. Press)
Els, Gustav, »Handlexikon Schmucksteine/Edelmetalle/Perlen«, Frankfurt a. M. 1973 (Fischer Taschenbuch Verlag)
Evola, Julius, »Die Hermetische Tradition«, Interlaken 1989 (Ansata-Verlag)
Florek, Reinhard, »Heilende Edelsteine«, Durach 1989 (Windpferd Verlagsges.mbH)
Fosar, G., + Bludorf, F., »Der kosmische Mensch«, Frankfurt a. M. 1992 (Fischer Verlag)
Frank, Ojela, »Crystal Therapeutics«, New City/USA 1987 (The Holistic Health Works)

Gallotti, A., »El poder Magico de los cristales«, Barcelona 1988 (Ediciones Martinez Roca, S.A.)
Gardner, Joy, »Color and Crystals«, Freedom 1988 (The Crossing Press)
Golowin, Sergius, »Edelsteine – Kristallpforten zur Seele«, Freiburg i. Br. 1986 (Verlag H. Bauer KG)
Gurudas, »Heilung durch die Schwingung der Edelsteinelixiere« Band 1 + 2, Neuhausen 1990 (Urania Verlags AG)
Hahn, Max, »Edelsteinkunde – leicht gemacht«, Idar-Oberstein (Industrie- und Handelskammer Koblenz)
Hartig, Herbert, »Edle Steine schleifen«, Stuttgart 1974 (Frech-Verlag)
Hay, Louie L., »Heile Deinen Körper«, Freiburg 1983 (Verlag Alf Lüchow)
Heilige Hildegard, »Heilkraft der Edelsteine«, Augsburg 1990 (Pattloch Verlag)
Hertzka, Dr. G., + Strehlow, Dr. W., »Die Edelsteinmedizin der hlg. Hildegard«, Breisgau 1985 (Verlag Hermann Bauer KG)
Hochleitner, Rupert, »Edelsteine Kompaß«, München 1986 (Gräfe und Unzer)
Hochleitner, Rupert, »Mineralien und Kristalle«, München 1986 (Gräfe und Unzer)
Hofmann, Helmut G. + Antje, »Die Botschaft der Edelsteine«, München 1988 (Hugendubel Verlag)
Hofmann, Helmut G. + Antje, »Naturkosmetik mit Edelsteinen«, München 1989 (Hugendubel Verlag)
Hofmann, H., Baginski B., »Die Chakras«, Bielefeld 1993 (Context Verlag)
Hofmann, H., + Kapfhammer, P., »Geburtstage wie Edelsteine«, Pfarrkirchen 1988 (Eigenverlag Atelier Kapfhammer)
Huber, Franz J., »Praktische Edelsteintherapie«, Kleindöttingen 1991 (›Heilkreis‹-Verlag)
Katz, M. + G., »Die Hüter der Edelsteine«, Grafing 1990 (Aquamarin Verlag)
Kern, Ernst, »Lithotherapie«, Menziken 1987 (Verlag Gemline)
Klemm, Stanislaus, »Sternensplitter – Meditationen mit Steinen«, München 1989 (Verlag Peter Erd)
Klinger-Raatz, Ursula, »Die Geheimnisse edler Steine«, Haldenwang 1986 (Edition Schangrila)
Klinger-Raatz, Ursula, »Engel und Edelsteine«, Durach 1988 (Windpferd)
Klinger-Raatz, Ursula, »Reiki mit Edelsteinen«, Aitring 1990 (Windpferd)
Korte, A., + Hofmann, A. + H., »Orchideen, Edelsteine und ihre heilenden Energien«, Freiburg i. Br. 1992 (Verlag Hermann Bauer)
Kunz, G. F., »The curious lore of precious stones«, Toronto 1971 (General Publishing Company, Ltd.)
Landschaftsverband Rheinland, »Magische Kräfte edler Steine«, Köln 1990 (Rheinland-Verlag GmbH)
Laroche, Agatha, »Die persönliche Magie der Schmucksteine«, Bad Münstereifel 1989 (Edition Tramontane)

Laurich, Evi, »Pfeile des Lichts«, Interlaken 1989 (Ansata-Verlag)
Loader, Rhea, »Traumsteine«, Bad Münstereifel 1991 (Edition Tramontane)
Lopes, Elke, »Esoterische Steinheilkunde« I + II, Ovelgönne-Stöckhausen (Siddharte Kristall Healing Center)
Markham, Ursula, »Universelle Kräfte der Edelsteine und Kristalle«, München 1990 (Hugendubel Verlag)
Mees, L. F. C., »Lebende Metalle«, Stuttgart 1983 (J. Ch. Mellinger Verlag)
Melody, »Love is in the earth/Laying-on-of-Stones«, Richland/USA 1992 (Earth-Love Publishing House)
Melody, »Love is in the earth/a kaleidoscope of crystals«, Richland/USA 1991 (Earth-Love Publishing House)
Mesenzew, Wladimir, »Im Reich der Steine», Moskau 1989 (Verlag MIR)
Milewski, J. V., + Harford, V., »The Crystal Sourcebook«, Sedona/SA 1987 (Mystic Crystal Publications)
Morningstar, Rose, »Kristallbotschaft«, München 1990 (W. Heyne Verlag)
Müllenmeister, H. J., »Faszination Edelstein«, Markt Schwaben 1990 (H. J. Müllenmeister)
Palmer, Magda, »Die verborgene Kraft der Kristalle und der Edelsteine«, München 1989 (W. Heyne Verlag)
Rätsch, Chr., + Guhr, A., »Lexikon der Zaubersteine«, Graz 1989 (Akademische Druck- und Verlagsanstalt)
Raphaell, Katrina, »Crystal Enlightenment«, New York 1985 (Aurora Press)
Raphaell, Katrina, »The Crystalline Transmission«, Santa Fé/USA 1990 (Aurora Press)
Raphaell, Katrina, »Wissende Kristalle«, Interlaken 1986 (Ansata Verlag)
Raphaell, Katrina, »Heilen mit Kristallen«, München 1988 (Knaur Verlag)
Richardson, W. + J., + Huett, Lenora, »Die geistigen Heilkräfte der Edelsteine«, Grafing 1987 (Aquamarin Verlag)
Ruppenthal, A., »Mythologie der Edelsteine«, Idar-Oberstein 1988 (A. Ruppenthal)
Schramm, Henning, »Märchen und Heilmittel«, Schaffhausen 1988 (Novalis Verlag)
Schumann, Walter, »Mein Hobby: Steine sammeln«, München 1982 (BLV)
Schumann, Walter, »Edelsteine und Schmucksteine«, München 1989 (BLV)
Schumann, Walter, »Mineralien aus aller Welt«, München 1991 (BLV)
Seim, Prof. Dr. R., »Minerale«, Neudamm 1981 (Verlag J. Neumann)
Sharamon, S., + Baginski, B. J., »Edelsteine und Sternzeichen«, Aitrang 1989 (Windpferd)
Sharoman, S., + Baginski, B., »Das Chakra-Handbuch«, Durach 1989 (Windpferd)
Siebenthal, Eliette v., »Hilf dir selbst ... mit einem Stein«, Bern 1990 (Eliette v. Siebenthal)
Silbey, Uma, »Heilkraft der Kristalle«, München 1988 (Verlag Peter Erd)
Smith, Michael G., »Crystal Power«, St. Paul/USA 1989 (Llewellyn Public.)

Uyldert, Mellie, »Verborgene Kräfte der Metalle«, München 1985 (Hugendubel Verlag)
Uyldert, Mellie, »Mutter Erde«, München 1987 (Hugendubel Verlag)
Uyldert, Mellie, »Verborgene Kräfte der Edelsteine«, München 1987 (Hugendubel Verlag)
Watznauer, Adolf, »Wörterbuch Geowissenschaften«, Thun, 1982 (Verlag Harri Deutsch)
Weltler, Christian, »Ursprung & Geheimnis der Edelsteine«, Grafing 1989 (Aquamarin Verlag)
Wind, Wabun, + Reed, Anderson, »Die Macht der heiligen Steine«, München 1988 (Goldmann Verlag)
Wind, Wabun, + Reed, Anderson, »Lightseeds«, New York 1988 (Prentice Hall Press)
Woolley/Bishop/Hamilton, »Der Kosmos-Steinführer«, Stuttgart 1975 (Frankh'sche Verlagshandlung, W. Keller & Co.)
Wyrsch, Rudi, »The lazy way to crystal understanding«, Venice Beach/USA 1987 (Crystal Network Foundation)
Zim, Prof. H. S., + Shaffer, P., »Steine und Mineralien«, Stuttgart 1974 (Delphin Verlag)

Informationen:

»Aquamarina«-Oceano
Helmut G. Hofmann
E-38240 Punta del Hidalgo
Teneriffa